D1943131

Kujtime nga Kosova

Albanische Erzählungen

Adrian Kuqi

Kujtime nga Kosova
Albanische Erzählungen
Geschrieben von Adrian Kuqi
Audioaufnahmen und Karten von Adrian Kuqi
Illustrationen von Alisa Tofaj
Veröffentlicht 2023
www.kuqi-institut.com

Impressum:

KUQI-INSTITUT

FÜR SPRACHWISSENSCHAFT

Adrian Kuqi
Auf der Hau 21
51709 Marienheide
Deutschland

Inhalt

Vorwort

Dieses Buch stellt eine Sammlung mündlicher Erzählungen verschiedener Albanerinnen und Albaner dar. Sie beschreiben persönliche Erfahrungen aus dem Kosovo, wie sie tatsächlich passiert sind. Dabei handelt es sich um alltägliche Erlebnisse, die gleichzeitig auch die Kultur, Tradition und Geschichte der Albanerinnen und Albaner des Kosovos widerspiegeln. Der albanischsprachige Titel *Kujtime nga Kosova* bedeutet ‚Erinnerungen aus dem Kosovo'.

Die vierzehn Erzählerinnen und Erzähler sind ungefähr zwischen 20 und 70 Jahre alt, sodass ganz unterschiedliche Geschichten vermittelt werden. Zum Beispiel erklärt ein älterer Herr, wie er als Kind und Jugendlicher selbst angebautes und geerntetes Obst und Gemüse auf dem Markt verkauft hat. Eine jüngere Dame erzählt von einer Hochzeit. Eine andere jüngere Dame berichtet wiederum von den Weinreben ihrer Familie. So sammeln sich unterschiedliche Erfahrungen aus einem breiten Spektrum von Themengebieten an, die auch noch heute im Kosovo relevant sind. Das macht dieses Buch zu einem authentischen Geschichtenband, wie es ihn in dieser Form noch nicht gibt. Denn jede Erzählung ist im Original wiedergegeben, also auf Albanisch beziehungsweise Gegisch (der im Kosovo gesprochene Dialekt), und dazu noch Satz für Satz auf Deutsch übersetzt, sodass auch deutschsprachige Interessenten oder Lernende daran Gefallen finden können. Danach folgt zudem noch eine englische Übersetzung. Jedes Kapitel schließt mit einer Übersicht der wichtigsten Vokabeln ab, die zur Hilfe beim Verstehen der Geschichte oder auch beim Lernen herangezogen werden können, um den eigenen Wortschatz zu erweitern. Die

Erzählungen können zudem als Audiodateien heruntergeladen und angehört werden. Ein Downloadlink, mit dem alle Erzählungen zusammen in einer Datei heruntergeladen werden können, steht als einzelnes Kapitel nach der letzten Erzählung zur Verfügung.

Der Autor dieses Buches hat jeder Person, deren Erzählung in diesem Buch festgehalten ist, sein Vorhaben präsentiert und um Erlaubnis zur Publikation gebeten. An dieser Stelle sei allen Erzählerinnen und Erzählern recht herzlich gedankt, dass sie zugestimmt haben und ihre persönlichen Erfahrungen aus dem Kosovo mit der Öffentlichkeit teilen wollen. Die Erzählungen wurden mit einem professionellen Aufnahmegerät in hochwertiger Qualität erfasst und daraufhin in albanischer Sprache transkribiert und letztlich auf Deutsch und Englisch übersetzt. Die Transkription erfolgte mithilfe eines dem Gegischen angepassten Alphabets, das auf der standardalbanischen Orthografie basiert. Falls sich eine Person beim Erzählen wiederholt oder geräuspert hat, wurde diese Passage vereinfacht, sodass die wiederholten Wörter oder das Räuspern nicht den Lesefluss stören. Weitere Veränderungen wurden seitens des Autors allerdings nicht vorgenommen, um die Geschichten nicht zu verfälschen.

Die Erzählungen wurden von November 2021 bis Juli 2022 gesammelt, und zwar in Deutschland, in der Schweiz und im Kosovo. Dabei hat der Autor Albanerinnen und Albaner aufgenommen, die im Kosovo oder in Deutschland und der Schweiz wohnen, bzw. fast ihr gesamtes Leben im Kosovo verbracht haben. Ihre Muttersprache ist Albanisch, sodass die Erzählungen den aktuellen Sprachgebrauch des Kosovo-Albanischen akkurat darstellen.

Zudem möchte ich mich an dieser Stelle persönlich bei Alisa Tofaj bedanken, die ihre Illustrationen zu diesem Werk beigetragen hat. Nicht nur sind es die einzelnen Illustrationen der vierzehn Erzählungen, sondern auch die Illustration des Covers. Auf ihrer Instagram-Seite @gegnishtja veröffentlicht Alisa nostalgische Fotografien, vor allem von Familie und Freunde, aus dem Kosovo. Ich bedanke mich recht herzlich bei ihr und hoffe, dass ihr auch meine Leserschaft mehr Aufmerksamkeit schenken wird!

Vielen Dank an alle, die dieses Buch gekauft haben. Ich hoffe, ihr habt viel Spaß beim Lesen. Allerdings darf nicht vergessen werden, dass es sich hierbei um reale authentische Erlebnisse handelt, die wirklich so passiert sind. Außerdem möchte ich an dieser Stelle gerne erwähnen, dass diese Personen alle entweder direkt oder indirekt den Krieg in den Jahren 1998 bis 1999 erlebt haben. Einige erzählen davon auch in ihren Geschichten in diesem Werk.

1. Traum von Bildung

Informationen

Geschlecht: weiblich	**Alter:** 58
Ort: Studençan, Suhareka	**Thema:** Schule

Studençan
Suhareka

Tregimi shqip

Unë kam lindë më nji fshat, Studençan quhet. Mandej ku kam shku, kur kam hi në shkollë e kam kry tetë vjeçaren. Mas tetë vjecares unë kam msu shum kur jam kanë n'shkollë, po kam pasë qef me vazhdu ma shum po baba s'm'ka lanë me shku. Atëhere u kanë qështu koha s'i kan lanë çikat me shku në shkollë. Kur i kom ba tetëmdhetë vjet jam feju, njizet vjet jam martu. Kur jam martu ktu, nji herë jena kanë ma t'prapambetunë. S'kena pasë kshtu, jena veshë me dimija, s'kena veshë fustana, s'kena veshë pantolla ... E une prej marakut që s'kam shku n'shkollë gjith kom pa andrra që po shkoj n'shkollë që po vishna që po shkoj n'shkollë nonstop. Po çka me ba? Jeta qështu. Tana kom lindë fmi, jam pajtu dikura, s'kam pasë çka me ba. Tash ka ardhë koha secilin herë ma mirë jena. Edhe veç tana edhe lufta kur ka ndodhë kena përjetu qatëhere shum keq. Kena ikë prej Kosovës, kena shku në Shqipni. Kur jena kanë në Shqipni Dona u smu, e kena çu n'spital, shum keq qatëherë u kanë. S'kom qef kurrë mi përjetu qëto sene ma. Ishalla kurrë s'i përjetojm. E tash shyqyr njiherë mirë jena. Ishalla s'na ndodh ma keq kurrgja.

Deutsche Übersetzung

Ich wurde in einem Dorf namens Studençan geboren. Danach habe ich die achtklassige Grundschule besucht. Nach der achten Klasse habe ich viel in der Schule gelernt, aber ich wollte weitermachen, mein Vater ließ mich jedoch nicht gehen. Zu dieser Zeit durften Mädchen nicht zur Schule gehen. Als ich achtzehn wurde, habe ich mich verlobt und mit zwanzig geheiratet. Als ich geheiratet habe, waren wir sehr arm. Wir hatten nichts, wir trugen Hosen wie Dimija, wir trugen keine Kleider, wir trugen keine Hosen ... Und ich, die sich nach Bildung sehnte, habe immer davon geträumt, zur Schule zu gehen, Kleidung zu tragen, nonstop zur Schule zu gehen. Aber was kann ich tun? So ist das Leben. Dann habe ich Kinder bekommen und nichts tun können. Jetzt ist die Zeit gekommen, dass es uns besser geht. Selbst als uns der Krieg traf, haben wir es sehr schlecht erlebt. Wir verließen Kosovo und gingen nach Albanien. Als wir in Albanien waren, wurde Dona krank und wir gingen ins Krankenhaus, es war sehr schlimm. Ich möchte diese Dinge nie wieder erleben. Ich hoffe, wir erleben sie nie wieder. Und jetzt geht es uns zum Glück gut. Ich hoffe, uns passiert nie etwas Schlimmeres.

English translation

I was born in a village called Studençan. Then when I started school, I finished elementary school. After elementary school, I learned a lot when I was at school, I wanted to continue, but my father didn't let me go. At that time, they didn't let girls go to school. When I was eighteen years old, I got engaged, and at the age of twenty years I married. When I married here, we were very poor. We didn't have anything, we wore trousers like dimija, we didn't wear dresses, we didn't wear pants ... And I was sad that I didn't go to school, I always dreamed that I would go to school, that I was getting dressed, that I am going to school nonstop. But what could I do? Such is life. Then I gave birth to the children, and I didn't have anything to do. Now the time has come that we are better. Everything after that, even when the war happened, we experienced it very badly. We run away from Kosovo; we went to Albania. When we were in Albania, Dona got sick, we sent her to the hospital, she did very badly that time. I never want to experience these things again. I hope we never experience them. Now, thank God, we are fine. Hopefully, nothing worse will happen to us.

Fjalë	Wörter	Words
me hi	hineingehen	to enter
me kry	beenden	to finish
me pasë qef	mögen	to like
me lanë	lassen	to let
çikë	Mädchen, Tochter	girl, daughter
mu feju	sich verloben	to get engaged
mu martu	heiraten	to marry
mu veshë	sich kleiden	to dress
fustan	Kleid	dress
pantolla	Hose	pants
shkollë	Schule	school
luftë	Krieg	war
me ndodhë	passieren	to happen
me përjetu	erleben	to experience
qatëhere	damals	then
mu smu	erkranken	to become ill
me çu	bringen, senden	to bring, to send
kurrë	niemals	never
shyqyr	glücklicherweise	fortunately
ishalla	hoffentlich	hopefully
keq	schlimm	bad

2. Kosovo nach dem Krieg

Informationen

Geschlecht: männlich	**Alter:** 52
Ort: Suhareka	**Thema:** Entwicklung

Suhareka

Tregimi shqip

Nëse flasim ne prej perjudhës së luftës e ktej, domethanë, ne jemi çliru më dymbëdhjetë qeshor të vitit nji mijë e nanëqind e nanëdhetë e nanë. Jemi çliru me punën tonë kundra Serbit po ashtu edhe ndihma e aleatëve tonë e NATO-s, ma t'zorshmit kan qenë Amerika, Gjermania, kto. Mas çlirimit ktu asht zhvillu nji jetë tjetër, ka qenë e shkatrruar shum Kosova, krahasuar me shkatrrimin që ka pasë asht nji përparim shum i madh. Nuk asht përparimi të cilin ne e dëshirojm por asht nji përparim shum i madh. Domethanë në Kosovë katërqind varreza numërohen masive, varreza masive. Varreza masive të kosovarëve kan qenë. Ka pasë mjaft shum edhe në Serbi. Ktu asht punuar fort, edhe pse ka qenë i zhvendosun popullata tetëqind mijë banorë kan dalë jashtë Kosovës vetem gjat kohës s'luftës. Janë kthy të gjithë përnjiherë pas luftës. Kan fillu të punojn, i kan ndërtu, rindërtu shtëpitë e tyre. Ndihma e komunitetit ndërkombëtar ka qenë shum e madhe. Fati jonë asht që në Gjermani kemi pasë shum të punësuar edhe secili ka kontribu për rregullimin e shtëpive të tyre. Domethanë sot nëse shohim shum pak merret vesh në Kosovë që ka qenë nji luftë, por në Kosovë ka qenë luftë shum e madhe, po përparimi asht shum i madh. Ka përparime të cilat vërtet janë për me i vlerësu, ka edhe disa ngecje që duhet me punue qeveritë për me i ndryshu. Problemet kryesore ktu janë në mosorganizimin e mirë të shëndetsisë, nuk kemi sigurimet t'cilat përkujdesen përfundimisht për secilin banor. Ka mjaft shum prej banorëve që duhet me dalë me u sheru në vende të tjera. Edhe pse janë rinovu spitalet e krejt, menaxhmenti, menaxhimi i tyre nuk asht qenë i mirëfillt mjaftushëm edhe ka disa pengesa. Shkollimi ka vazhdu mjaft mirë, shkolla janë hapë shum të reja, univerzitetet janë. Ndoshta kriteret duhet me qenë edhe pak ma t'forta qe ato me qenë ma të suksesshme sepse nuk kan qenë në PISA. Nuk kan qenë suksese të mjaftushme siç do duhej të ishin. Nëse kthehemi nga ana e ekonomisë, në Kosovë ka pasë mjaft shum fabrika të cilat janë dëmtu edhe para luftës pak sepse i kan administru serbet. Nuk janë zhvillu mjaftushëm, asht fabrika e Ballkanit në Suharekë qe ka qenë njana prej fabrikave gjigande, ndoshta e dyta në Evropë prej madhësisë. Por asht sabotue, asht keqpërdorë edhe prej serbëve se asht menaxhue vetem nga ata. E kan hupë tregun ata sepse i kan largu punëtorët shqiptarë, udhëheqsat shqiptarë, dhe pastaj s'kan arritë me majt tregun siç duhet. Kan qenë edhe disa fabrika t'tjera si fabrika e pijeve joalkolike dhe alkolike shum të suksesshme. Asht shkatrru çdo gja gjat kohës së luftës. Pas luftës janë ndërtu biznese po ndoshta jo të mjaftushme. Mirëpo Suhareka asht njana prej, nëse flasim për Suharekën, asht njana prej qyteteve ma t'zhvillune në Kosovë dhe ka nji zonë industriale qe mund të jenë diku nja rreth njizet, tridhetë fabrika të ndryshme. Kjo i ka punësu mjaft shum qytetarët e Suharekës. Suhareka asht zhvillu knaqëshëm, qyteti asht zbukuru shum se ka qenë shum i dobt pas luftës. Kush e ka pa qytetin pas luftës, domethanë me makinë, shpeshherë ka humbë gjysma makina nëpër gropa, vrima, në rrugët qe janë kriju, qe janë kanë t'mushme her her me ujë, qe ka pasë shum vështirë me kalu. Vetëm me traktor ke kalu shum leht, ndërsa me sene tjera ke kalu mjaft ranë. Kshtu qe asht ba nji zhvillim mjaft i mirë po jo edhe mjaftushëm. Sa i përket anës së sigurisë asht formu policia e Kosovës, asht formu ushtria e Kosovës. Fillimisht ka qenë UNMIK-u i cili e ka përkrahë zhvillimin e policisë së Kosovës, pastaj asht ndrru me EULEX-in. EULEX-i ka qenë ma i kuptushëm për neve sepse UNMIK-u ka pasë edhe njerëz prej zonave si Afrikë, Indi, të cilët s'kan qenë shum të përgaditur për veten e tyre po kan ardhë. Me të gjithat na kan ndihmuar po aq sa qe kan mundë. Unë kam qenë vet në shërbimin policor për pesë vjet dhe përpjekjet janë kanë maksimale për me u zhvillu, u zhvillu gradualisht. Janë hap disa autostrada në Kosovë qe s'ka pasë. Por ka nevojë ma shum për prodhim, ka nevojë ma shum për mirëmbajtje, domethanë nuk ka ktu në Suharekë as në Kosovë mjaftushem vende të grumbullimit të mbeturinave. Ka po nuk ka përpurimi i mbeturinave nuk bahet, kshtu qe ato varrosen. I varrosin në dhe. I bajn ato izolimet po nuk asht kjo nji gja e mirë, ma mirë me pasë riciklime, duhet shkaku i ambjentit, ambjenti nuk mbrohet mjaftushëm. Lumejt nuk mbrohen mjaftushëm. E nji e metë asht qe pas çdo lufte ligjet nuk kan funksionu mjaftushëm dhe në tokat e bukës janë ndërtuar shtëpi, përskej rrugës ose janë ndërtuar biznese ku i kan mbuluar nji sipërfaqe t'madhe, mjaft t'madhe të bukës, sepse ligji në fillim nuk ka funksionu mjaftushëm se ka qenë direkt pas luftës. Dhe ato janë ndërtu dhe nuk munden tashti për mi hekë. Kjo asht nji pikë e dobët, ndërsa kryesisht ka pika të mira. Ajo e keqja asht, edhe nji tjetër qe asht i vetmi vend në Evropë pa liberalizimin e vizave. Qytetarët e Kosovës duhet me pritë nëpër ambasada për nji kohë të gjat, për me marrë nji vizë për me shku me vizitu të afërmit e vet. Unë mendoj qe për kta nuk janë shum fajtorë shqiptarët e Kosovës sa janë fajtorë ndërkombëtarët, sepse andministrata ka qenë te ndërkombë-tarët, domethanë kta kan punu sipas aministratës së atynëve. Domethanë administrate e atynëve s'ka qenë mjaftushme e suksesshme për me ba kta, kët zhvillim. Derisa të gjitha shtetet përreth udhëtojn lirshëm, nji Kosovë, e cila i ka dy milionë banorë, kjo nuk mund të udhëtojë lirshem. Ka prindë qe i kan djemt e tyre atje dhe kan dëshirë najherë me shku me i vizitu, nuk munden kto me e ba. Duhet me pritë ne radhë në ambasadë dhe ata janë pleq nuk munden me pritë, kshtu qe ktu asht zhgënjim social qe asht shkelje e të drejtave themelore të njeriut.

Deutsche Übersetzung

Wenn wir von der Zeit des Krieges und hier sprechen, bedeutet das, dass wir am 12. Juni des Jahres 1999 befreit wurden. Wir wurden von unserer Arbeit gegen Serbien befreit, und auch die Hilfe unserer NATO-Verbündeten, Amerika und Deutschland waren die Stärksten. Nach der Befreiung entwickelte sich hier ein anderes Leben, der Kosovo war sehr zerstört, verglichen mit der Zerstörung, die er erlitten hat, ist das ein sehr großer Fortschritt. Es ist nicht der Fortschritt, den wir wollen, aber es ist ein sehr großer Fortschritt. Mit anderen Worten: Im Kosovo gelten vierhundert Friedhöfe als riesige Friedhöfe. Es gab Massengräber von Kosovaren. Auch in Serbien gab es einige. Sie haben hier hart gearbeitet, auch wenn die Bevölkerung vertrieben wurde, achthunderttausend Einwohner haben den Kosovo alleine während des Krieges verlassen. Alle sind nach dem Krieg wieder zurückgekommen. Sie haben mit der Arbeit begonnen, sie haben ihre Häuser gebaut und wieder aufgebaut. Die Hilfe der internationalen Gemeinschaft war sehr groß. Unser Glück ist, dass wir in Deutschland viele Mitarbeiter haben und jeder einen Beitrag zum Bau seiner Häuser leistet. Das heißt, es scheint, dass es im Kosovo keinen Krieg gegeben hat, aber im Kosovo war es ein sehr großer Krieg, aber die Fortschritte sind sehr groß. Es gibt Fortschritte, die es wirklich wert sind, gewürdigt zu werden, aber es gibt auch einige

Rückschläge, an denen die Regierungen arbeiten sollten, um sie zu ändern. Die Hauptprobleme hier sind die mangelnde Organisation im Gesundheitswesen und das Fehlen von Versicherungen, die sich vollständig um jeden Einwohner kümmern. Viele Bewohner müssen in andere Länder reisen, um geheilt zu werden. Obwohl alle Krankenhäuser und medizinische Einrichtungen renoviert wurden, war ihre Verwaltung nicht ausreichend genug und es gibt einige Hindernisse. Die Bildung hat sich gut entwickelt, es wurden viele neue Schulen eröffnet und Universitäten gibt es auch. Vielleicht sollten die Kriterien etwas strenger sein, damit sie erfolgreicher sind, da sie nicht in PISA waren. Es gab nicht genug Erfolge, wie es sein sollte. Wenn wir uns der Wirtschaft zuwenden, gab es im Kosovo viele Fabriken, die vor dem Krieg beschädigt wurden, weil sie von Serben verwaltet wurden. Sie wurden nicht ausreichend entwickelt, einschließlich der Balkan-Fabrik in Suhareka, die eine der größten Fabriken ihrer Größe in Europa war. Es war wahrscheinlich die zweitgrößte in Europa. Aber sie wurde sabotiert und schlecht verwaltet von den Serben. Sie verloren ihren Markt, weil sie albanische Arbeiter und Führungskräfte entfernt haben und dann den Markt nicht wie gewünscht halten konnten. Es gab auch andere erfolgreiche Fabriken wie die alkohol- und alkoholfreie Getränkefabrik. Alles wurde während des Krieges zerstört. Nach dem Krieg wurden einige Unternehmen gegründet, aber vielleicht nicht genug. Jedoch ist Suhareka eine der am weitesten entwickelten Städte im Kosovo, wenn wir über Suhareka sprechen. Es hat ein Industriegebiet mit etwa 20 bis 30 verschiedenen Fabriken. Es beschäftigt viele Einwohner von Suhareka. Suhareka hat sich angenehm entwickelt und die Stadt ist sehr schön geworden, da sie nach dem Krieg sehr schwach war. Wer die Stadt nach dem Krieg gesehen hat, verlor oft die Hälfte seines Autos in Gruben und Löchern auf den Straßen, die geschaffen wurden und oft mit Wasser gefüllt waren, was das Passieren sehr schwierig machte. Nur mit einem Traktor war es sehr einfach zu passieren, aber mit anderen Fahrzeugen fielen sie oft in Gräben. Es war also eine sehr gute Entwicklung, aber nicht ausreichend genug. Was die Seite der Sicherheit betrifft, wurde die Polizei des Kosovo gegründet und die Armee des Kosovo wurde ebenfalls gegründet. Zunächst war UNMIK da, um die Entwicklung der kosovarischen Polizei zu unterstützen, dann wurde es durch EULEX ersetzt. EULEX war für uns verständlicher, da UNMIK auch Menschen aus Gebieten wie Afrika und Indien hatte, die nicht sehr gut auf ihre Aufgaben vorbereitet waren. Aber sie haben uns genauso geholfen, wie sie konnten. Ich war fünf Jahre lang selbst bei der Polizei und die Bemühungen waren maximal, um sich zu entwickeln, sich allmählich zu entwickeln. Im Kosovo wurden einige Autobahnen gebaut, die es vorher nicht gab. Aber es braucht mehr Produktion, es braucht mehr Instandhaltung, das heißt, es gibt hier in Suhareka und im Kosovo nicht genügend Plätze zum Sammeln von Abfällen. Es gibt sie, aber ohne Abfallentsorgung geht es nicht, so dass sie begraben werden. Sie werden auf den Boden gelegt. Sie machen Isolierungen, aber das ist nicht gut genug, es ist besser,

Recycling zu haben, es muss aufgrund der Umwelt geschehen, die Umwelt wird nicht ausreichend geschützt. Flüsse werden nicht ausreichend geschützt. Eine schlechte Sache ist, dass nach jedem Krieg die Gesetze nicht ausreichend funktionierten und auf den fruchtbaren Böden Häuser gebaut wurden, entlang der Straße oder Geschäfte, die eine große Fläche bedecken, genug Fläche des Bodens, weil das Gesetz zu Beginn nicht ausreichend funktioniert hat, da es direkt nach dem Krieg war. Und sie wurden gebaut und können jetzt nicht mehr abgerissen werden. Das ist ein schwacher Punkt, aber hauptsächlich gibt es gute Punkte. Das Schlechte ist, dass es der einzige Ort in Europa ohne Visaliberalisierung ist. Die Bürger des Kosovo müssen lange in Botschaften warten, um ein Visum zu bekommen, um ihre Angehörigen zu besuchen. Ich denke, dass dies nicht so sehr die Schuld der Albaner im Kosovo ist, sondern die Schuld der Internationalen, weil die Verwaltung in ihren Händen lag, das heißt, sie haben nach ihrer Verwaltung gearbeitet. Das heißt, ihre Verwaltung war nicht ausreichend erfolgreich, um diese Entwicklung voranzutreiben. Während alle Länder um uns herum frei reisen können, kann ein Kosovo mit zwei Millionen Einwohnern nicht frei reisen. Es gibt Eltern, deren Söhne dort sind und die sie irgendwann besuchen möchten, aber sie können es nicht tun. Sie müssen in der Botschaft in der Schlange stehen und sie sind alt und können nicht warten, so dass hier eine soziale Enttäuschung vorliegt, die eine Verletzung der grundlegenden Menschenrechte darstellt.

English translation

If we talk about the period of the war, it means that we were liberated on the 12th of June 1999. We were liberated from our work against Serbia, as well as with the help of our NATO allies, the strongest were America, Germany, these. After the liberation, a different life developed here. Kosovo was very destroyed, compared to the destruction it had, it is a very big progress now. It is not the progress we want, but it is a very big progress. That means, in Kosovo, four hundred graves are considered massive, mass graves. There have been mass graves of Kosovars. There were a lot in Serbia as well. They worked hard here, even though the population was displaced, eight hundred thousand inhabitants left Kosovo only during the war. They all returned at once after the war. They started working, they built, rebuilt their houses. The help of the international community was great. Our luck is that in Germany we have many employees, and everyone contributed to the arrangement of their homes. I mean, today if we look, very little is seen in Kosovo that there was a war, but in Kosovo there was a very big war, but the progress is very big. There are advances which are worth appreciating, there are also some obstacles that the governments should work on to change them. The main problems here are the lack of good organization of health care, we don't have the insurances that ultimately take care of each resident. There are quite a lot of residents who have to leave and be cured in other countries. Even though all the hospitals were renovated, their management wasn't genuine enough and there are some obstacles. Education continued quite well, many new schools were opened, we have universities. Maybe the criteria should be a little stricter, to be more successful, because they were not in PISA. They have not been as successful as they should have been. If we go back to the economy, there were quite a few factories in Kosovo that were slightly damaged even before the war because they were managed by the Serbs. They have not been developed enough, it is the Balkan factory in Suhareka that was one of the biggest factories, probably the second largest in Europe. But it was sabotaged, it was also misused by the Serbs because it was managed only by them. They lost the market because they fired Albanian employees, the Albanian leaders, and then they did not reach the market properly. There were also several other factories such as: the factory of non-alcoholic and alcoholic beverages which was very successful. Everything was destroyed during the war. After the war, businesses were built, but perhaps not enough. But Suhareka is one of, if we talk about Suhareka, it is one of the most developed cities in Kosovo and it has an industrial area that has somewhere around twenty, thirty different factories. This has employed many citizens of Suhareka. Suhareka is developed satisfactorily, the city is very beautiful now because it was very weak after the war. Who has seen the city after the war, that is by car, has often lost half of the car in potholes, holes, in the roads that have been created, which sometimes have been filled with water, which have been very difficult to pass. Only with a tractor they were able to pass very easily, while with other vehicles you passed quite difficultly. So, there was a good development, but not enough. As for the security, the Kosovo police has been formed, the Kosovo army has been formed. Initially, it was UNMIK that supported the development of the Kosovo police, then it was replaced by EULEX. EULEX was more understandable for us because UNMIK also had people from areas like Africa, India, who were not very prepared, but they came. In all things, they helped us as much as they could. I was in the police service for five years and the efforts have been at maximum to develop, it developed gradually. Several highways have been built in Kosovo, which didn't exist. But there is a need for more production, there is a need for more maintenance, that is, there are not enough waste collection places here in Suhareka or in Kosovo. There are, but there are not, waste processing is not done, so it is buried. They bury it in the ground. They make those insulations, but this is not a good thing, recycling is better, it must be because of the environment, the environment is not sufficiently protected. Rivers are not adequately protected. And a flaw is that after every war the laws have not worked sufficiently and houses have been built on the bread lands, along the road, or businesses have been built where they have covered a large, rather large area of bread, because the law at first didn't work well enough, because it was right after the war. And they are built and can't be removed now. This is a weak point, while mostly there are good points. It is the bad thing, another one, we are the only country in Europe without visa liberalization. Citizens of Kosovo must wait in embassies for a long time to get a visa to visit their relatives. I think that the Kosovo Albanians are not so much to blame for this, as much as the international ones are to blame, because the administration was of the internationals, that is, they worked according to their administration. This means that their administration has not been successful enough to make this development. While all the surrounding countries travel freely, Kosovo, which has two million inhabitants, can't travel freely. There are parents whose sons are there and sometimes want to visit them, but they can't do it. They have to wait in line at the embassy, and they are old, they can't wait, so there is social frustration, which is a violation of basic human rights.

Fjalë	**Wörter**	**Words**
perjudhë	Periode	period
mu çliru	befreien	to liberate
aleatë	Verbündete	allies
përparim	Fortschritt	progress
varreza	Gräber, Friedhöfe	graves, cemeteries
me zhvendosë	versetzen	to displace
banor	Einwohner	inhabitant
ngecje	Hindernis	obstacle
qeveri	Regierung	government
mosorganizim	Desorganisation	disorganisation
shëndetsi	Gesund-heitswesen	health care
me përkujdesë	kümmern	to take care
përfundimisht	schließlich	eventually
pengesë	Hindernis	hindrance
mjaftushëm	ausreichend	enough
madhësi	Größe	size
me hupë	verlieren	to lose
treg	Markt	market
udhëheqës	Leiter	leader
pije	Getränk	beverage
e zhvillune	entwickelt	developed
qytetar	Bürger	citizen
me zbukuru	schmücken	to decorate
i dobt	schwach	weak
gropë	Grube	pit

vrimë	Loch	hole
me kalu	passieren	to pass
ushtri	Armee	army
përpjeke	Bemühung	effort
riciklim	Recylcing	recycling
lum	Fluss	river
sipërfaqe	Fläche	area
ligj	Gesetz	law
me ndërtu	bauen	to construct
kryesisht	hauptsächlich	mainly
liberalizim	Liberalisierung	liberalisation
ambasadë	Botschaft	embassy
zhvillim	Entwicklung	development
me udhëtu	reisen	to travel
radhë	Reihe	row
me pritë	warten	wait
zhgënjim	Enttäuschung	disappointment
shkelje	Verletzung	violation

3. Weinreben

Informationen

Geschlecht: weiblich	**Alter:** 29
Ort: Sopija	**Thema:** Weinherstellung

Sopija

Tregimi shqip

Atëherë kohën kur une i kom pasë dikun gjashtë, shtatë ose tetë vjet n'Kosovë n'fshatin Supinë, komunës s'Suharekës, kom jetu me gjyshin, gjyshen, mamin edhe motrën. Edhe aty kemi pasë shum, n'arë kemi punu shum, arat qe kemi mjellë vet speca ksi gjana. Edhe e kemi pasë venin ku kemi pasë shum rrush. Edhe kur ka ardhë n'vjeshtë koha qe kemi vjelë rrushin kemi ba edhe verë vet. Gjyshi ka shku gjith me nji golldan, torrtaç, nuk e di asht diçka si traktor vetem ma e vogël. E ka marrë rrushin n'pllantazh t'rrushit edhe kur e ka pru n'shpi, atëherë gjyshja zakonisht edhe une edhe motra kemi veshë çizme që janë Gummistiefel, çizme t'pllastikës edhe me llastika përmi t'pastër. Edhe e kemi shkelë rrushin edhe u kanë nji kohë qe e kujtoj nanën positive. Edhe e kemi ba verën qështu vet edhe diku mas nji viti ose dy ose dhe gjysë viti e kan kërku gjithë verën. Edhe vet si fmi at kohë u kanë nji procedurë qe u kanë njeri vet shum krenar për n'at kohë.

Deutsche Übersetzung

Damals, als ich sechs, sieben oder acht Jahre alt war und in Supina, einem Dorf in der Gemeinde Suhareka im Kosovo, gelebt habe, lebte ich bei meinem Großvater, meiner Großmutter, meiner Mutter und meiner Schwester. Dort haben wir viel erlebt, auf dem Feld viel gearbeitet und verschiedene Gemüsesorten und andere Dinge angebaut. Wir hatten auch einen Weinberg, von dem wir im Herbst unsere eigenen Trauben geerntet und unseren eigenen Wein hergestellt haben. Mein Großvater hatte einen kleinen Traktor, genannt ‚Golldan', der den Weinberg bearbeitet hat. Wenn wir die Trauben geerntet und sie dann nach Hause gebracht haben, haben meine Großmutter, meine Schwester und ich Gummistiefel getragen, um den Wein zu pressen. Wir haben den Wein selbst hergestellt und ihn ein Jahr oder zwei oder sogar ein halbes Jahr lang gesucht. Damals hatten wir eine Prozedur, die uns alle sehr stolz gemacht hat.

English translation

Then at the time when I was about six, seven or eight years old, in Kosovo in the village of Supina, municipality of Suhareka, I lived with my grandfather, grandmother, mother and sister. Even there we had a lot, we worked a lot in the fields, the fields we planted ourselves, peppers and other things. We also had the land, where we had a lot of grapes. Even when the time came in the fall when we harvested the grapes, we also had our own wine. Grandfather always went with a combine, tractor, I don't know, it's something like a tractor, only smaller. He took the grapes from the grape plantation and brought it home, at that time, my grandmother usually and my sister and I wore boots, plastic boots with clean rubber. We crushed the grapes, and it was a while since I remember my mother positively. And we made the wine that way, and sometime after a year or two, or half a year, they asked for the whole wine. And even as a child, at that time it was a procedure of which we were very proud as people.

Fjalë	Wörter	Words
kohë	Zeit	time
fshat	Dorf	village
arë	Feld	field
me punu	arbeiten	to work
me mjellë	anpflanzen	to plant
spec	Paprika	pepper
gja	Ding	thing
venë	Wein	wine
rrush	Weintraube	grape
vjeshtë	Herbst	autumn, fall
me vjelë	ernten	to harvest
pllantazh	Plantage	plantation
me pru	bringen	to bring
e pastër	sauber	clean
me shkelë	treten	to step
me kujtu	erinnern	to remember
procedurë	Prozedur	procedure
krenar	stolz	proud

4. Familienbesuch

Informationen

Geschlecht: weiblich	**Alter:** 27
Ort: Drenovc	**Thema:** Familie

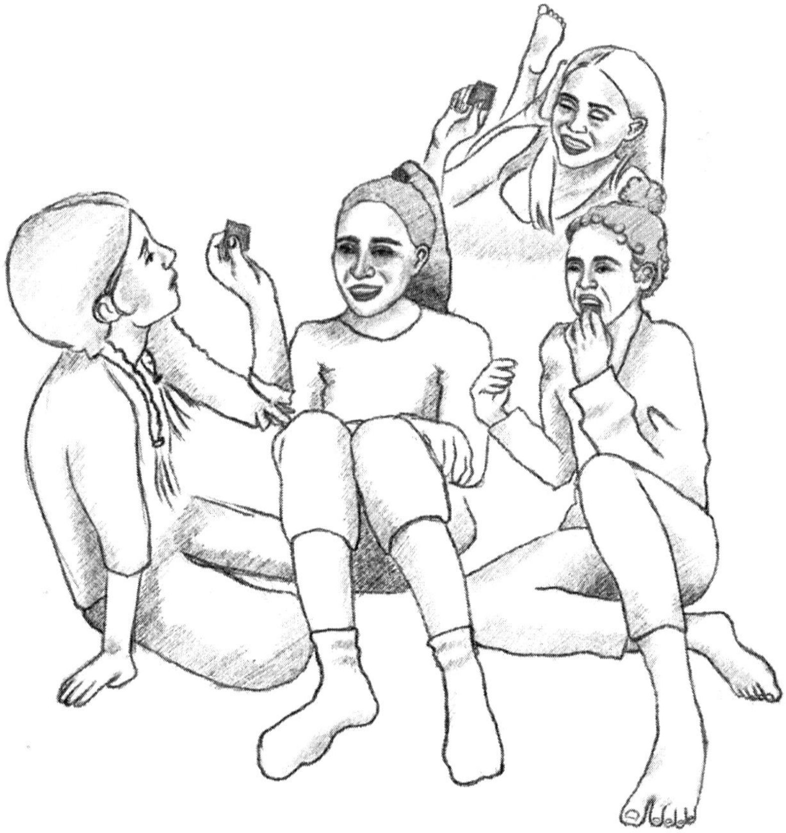

Drenovc

Tregimi shqip

Kur jena kanë t'vogël, kur shkojshmi te familja e babit në komunën e Bujanovcit qe asht në Serbi, u gzofshmi kur shkojshmi për Kosovë. Se mami familjen e vet e kishke në Kosovë ne fshatin Drenovc edhe i bijke mi grajt katër orë me kerr. E çdo herë kur u çojshmi me shku u gzofshmi shum se na bijke veç me nejt ka nji natë se um doket babi s'u nike bash mirë atje. Se ishin ato shpia janë kanë t'ndamë. Më nji shpi rrishin burrat n'odë e më nji shpi rrishin gratë. Kshtu qe s'i ka ardhë shum mirë babit um doket me nejt atje e kshtu qe rrijshmi vetëm nji natë edhe janë kanë pak t'fshtirë se ata t'Drenovcit janë t'njofshëm për mu kanë pak nashta ma konservativ. Kur shkojshmi atje u kanë diçka shum special për neve se ka pasë shum fmi, kushërini i nanit tem i ka pasë nanëmdhetë fmi edhe ata prap kan pasë fmi kshtu qe u bajshmi shum verës. Nana Ijë qe u kanë gruja e kushërinit e nanit tem, marojke sene marmellatë s'e di a pe thom mirë. Marmellatë e bajke pi dorës, ke do senet e freskëta. E qato më kan metë shum kujtim, edhe u kanë mas shpisë nji mur, aty u kanë ... Ka pasë shum pemë, lisa me kumlla me molla edhe aty m'u ka dokë mue si xhenet. U kanë shum interesant. Tani natën na lishin çutë, kena guxu me nejt çutë se na bijke me nejt veç nji natë kshtu qe u kanë si dhuratë me nejt çutë tan natën e tani u mbledhshmi te shpia e grave, kejt na fmija. Bajshmi e menojshmi çfarë loja me lujtën, çfarë kërcime.

Bajshmi muzikë, kceshmi, hashmi, pishmi, blejshmi çipsa, gurabija, çokollada. Tani nejshmi, kemi nejt tan natën çutë. E tani n'mëngjes pa gjum hiç edhe plot emocione se u dojke me kthy në Serbi, kajshmi shum, shum kajshmi o zot. Tani nji ditë, nji herë po du me thanë se jena shku çdo verë, nji herë ane kushërini jem e pat çelsin e kerrit e babit e s'mujsh me kthy, se ata s'dojshin na me shku. Tani deri e ka gjetë babi çelsin, o zot u pat pru dramë e madhe. Po, e qështu m'ka metë shum kujtim, edhe qëtash qe ka gati shtatë vjet qe s'jom kanë n'at fshat edhe m'doket duhet nji-herë mu kthy me shku me kqyrë çka ka ndryshu, se për-para u kanë ndryshe pa telefona pa sene të ndryshme, dishmi diqysh, çka me lujtën pi fantazisë tonë pi kreativit tonë. Tash jena ndajt pak qështu.

Deutsche Übersetzung

Als ich klein war und wir zu der Familie meines Vaters in der Gemeinde Bujanovc in Serbien gingen, waren wir froh, als wir in den Kosovo fuhren. Meine Mutter hatte ihre Familie in Drenovc im Kosovo und es dauerte vier Stunden, um dorthin zu gelangen. Und jedes Mal, als wir dorthin reisten, waren wir sehr froh, denn wir blieben eine Nacht dort, weil der Vater offenbar nicht länger bleiben wollte. Es gab getrennte Häuser für Männer und Frauen. Es war also nicht sehr angenehm für meinen Vater, bei uns zu bleiben, und wir blieben nur eine Nacht und es war schwierig für uns, da sie konservativer waren als wir. Als wir dort waren, war das etwas ganz Besonderes für uns, denn es gab viele Kinder, die Cousins meiner Mutter hatten neunzehn Kinder und sie hatten auch Kinder, also waren wir sehr viele im Sommer. Tante Ijë, die Frau des Cousins meiner Mutter, machte Marmelade, die sehr lecker war. Sie machte Marmelade von Hand mit frischen Früchten, und das lässt viele Erinnerungen hochkommen. Es gab viele Bäume und Obstgärten und es war wie im Paradies. Wir verbrachten die Nacht im Zelt, weil wir wussten, dass wir nur eine Nacht bleiben würden. Es war ein Geschenk, dass wir dort übernachten konnten. Am nächsten Morgen verabschiedeten wir uns von allen und waren sehr traurig, weil wir zurück nach Serbien gehen mussten. Es war eine sehr emotionale Erfahrung für uns. Ich denke immer noch oft an diese Zeit zurück, und es ist schon fast sieben Jahre her, seit ich in diesem Dorf war. Ich denke, ich sollte irgendwann zurückkehren und sehen, was sich verändert hat. Denn es gab damals keine Telefone, aber wir wussten immer irgendwie, wie wir mit unserer Fantasie und Kreativität spielen konnten.

English translation

When we were little, when we went to my father's family in the Bujanovc municipality, which is in Serbia, we were happy when we went to Kosovo. Because my mother had her family in Kosovo in the Drenovc village, and we had to drive four hours by car. And every time we got up to go, we were very happy because we could stay only one night, because I think my dad was not feeling very well there. Because there were those houses, they were separated. In one house the men stayed in the chamber and in the other house the women stayed. That's why my dad didn't like it, I think, staying there, and that's why we only stayed one night, and they were a little nervous because the people in Drenovc are known to be more conservative. When we went there, it was something very special for us, because there were many children, my mom's cousin has nineteen children, and we were many children in the summer. Aunt Ijë, who was the wife of my mother's cousin, used to cook jam. Jam made by hand, with fresh ingredients. And they have remained a memory for me, there was a wall behind the house, there was ... There were many trees, oaks with plums and apples, and there it seemed like heaven to me. It was very interesting. Then at night they kept us awake, we dared to stay awake because we only stayed one night, so it was like a gift to stay awake all night and then we gathered at the women's house, all children. We used to think about what games to play, what dances. We made music, danced, ate, drank, bought chips, sweets, chocolates. Then we stayed up all night. And then in the morning, without any sleep, and full of emotions that we need to go back to Serbia, we cried a lot, oh God. Then one day, once I mean, we went every summer, once my cousin had the keys of my father's car and we couldn't go back, because they didn't want us to go. Then until dad found the key, oh God, it was a big drama. Yes, I have lots of memories left, and now that I haven't been to that village for almost seven years, I think I should go back and see what has changed, because before it was different, without telephones, without different things, we somehow knew what to play, from our imagination, from our creativity.

Fjalë	Wörter	Words
e vogël	klein	little
me shku	gehen	to go
mu gzu	sich freuen	to be glad
mi grajt	fahren	to drive
me nejt	bleiben	to stay
bash	sehr	a lot
t'ndamë	getrennt	separated
shpi	Haus	house
burra	Männer	men
gra	Frauen	women
e fshtirë	schwierig	difficult
t'njofshëm	bekannt	known
marmellatë	Marmelade	jam
dorë	Hand	hand
e freskët	frisch	fresh
lis	Baum	tree
kumlla	Pflaumen	plums
xhenet	Paradies	paradise
me guxu	trauen	to dare
çutë	wach	awake
dhuratë	Geschenk	gift
lojë	Spiel	game
gurabije	Keks	biscuit
me kajt	weinen	to cry
çelës	Schlüssel	key

5. Schwanger auf der Flucht

Informationen	
Geschlecht: weiblich	**Alter:** 48
Ort: Zaqisht	**Thema:** Aufwachsen im Kosovo, Flucht im Krieg

Zaqisht

Tregimi shqip
- Pjesa e parë -

Na vaktin tonë t'shkollës kur jemi kanë kur une e kom kry tetë vjeçaren ktu n'shkollë kom pasë qef me shku boll, edhe met marak qe s'kam shku n'shkollë. Qata e kam pasë gjith edhe andërr edhe sot at ditë i kam ba katërdhetë e tetë vjet, i kam shkollën marakin, po atëherë prindrit s'na kan leju me shku n'shkollë ma t'nalti. Se kom pasë qef mu ba avokate apo frizerke me shku. Kta e kum pasë gjith, po nana m'thojke jo se babën e keni n'gurbet, çikat n'shkollë thojke qysh me shkue pa babë dhe shka thojn gjinja. E qata domethanë se thmija e sodit çfarë kushte kan e çfarë kushte janë kanë përpara. Kemi shku në shkollë edhe plus kemi punu përpara. Tani m'kan feju në moshë shum t'reje, um kan feju. Um kan martu në moshë shum t'reje, shatëmdhetë vjet. Pa i ba shatëmdhetë vjet kom shku nuse, po tani çdo histori e ka shka thonë ata lidhjen e vete. Përpara shka kan hekë, s'ka pasë përpara. Përpara s'kan pasë as tesha sa duhet me veshë në shkollën. Jena ndrye shum rrallë, tash ka ardhë vakti po ndrrohen gjinja, her tu lishë po ndrrohen, për çdo ditë pi veshin teshat tjetra. Atëherë kemi shku ne n'shkollë me nji palë tesha kemi shku tu ngji javën, kemi shkue n'shkollë. Nji herë n'javë tu pastru je la. Nji herë n'javë ti ndrru teshat, ke shku çdo t'hane i lanë në shkollë. A tash pastrohesh her tu lishë sa ban natën n'aksham, mbramje kur ta merr qefi. Domethanë si historia e përparshme u kanë shum keq, po je kanë ma t'knaqun se sot. Nime s'i ke pasë qëto kushtet, tash po janë kushtet krejt po knaqësi s'ka. Ka hupë dashnia, ka hupë, krejt ka hupën. E qata asht Kosova edhe neve qe jemi jashtë, vimë pi jashtit ktu ne na ngreh vendi. Une qe ma s'pari vet, unë qëtash me m'thanë jeto n'Kosovë, jetoj. Se tash i kom ba kushtet, e kom ba shpiën, i kom ba krejt senet, rruga e asfaltune ... Atëhere s'ka pasë as rrugë t'asfaltune, s'ki pasë as kerre. Kush ka marrë gra përpara leje, kërkush hiç shum rrallë. A tash kan ba krejt leje, kan ba krejt sene. Tash i kan ba Rahovecin, Prizrenin i kan ba si me pasë dy minuta nërmjet. E qëto janë do historia qe s'harrohen, shka kemi përjetu na përpara e sha po përjeton tash rinia e sodit. E traditat e Kosovës do pi harrojn e do s'i harrojn traditat. Po, edhe do sene asht mirë pakëz nëpër qëto darsma nëpër qëto sene pakëz. E qëto darsmat kishin me hupë krejt, banketat ma s'pari qe pi shkatrrojn gjinën me pare e me dukat. E qëto janë se, s'po di, njeri, edhe sha me tregu, se ma s'pari une e vet djalin tem, para nji vjet m'u ka martu, nji vjet po i ban e m'u ka nda djali. E sa investime e sa sene.

- Pjesa e dytë -

U kanë korrik, gjysa e korrikit u kanën, kemi pasë kanagjegj n'shpi te burri. Kemi pasë na, kur burri e ka martu motrën. Natën e kanagjegjit të motrës krejt jemi kanë në frizura, krejt je kanë thirrën: Hajde me lshu fshatin, me lshue, me ikë se u kanë ushtria e shkijve. Qysh jemi kanë n'at natë me frizura me krejt gjinja kemi ikë me traktora, me kamiona, kemi shku në fshatin Zojz e Medvec. Unë jam kanë shtatë muj shtatzanë, vjehrri jem s'ka ditë as mi grahë traktorit, nuk ka ditë, na i ka hypë traktorit. Qatë dit vjehrri jem u msue me traktor mi grahë. Me plot gjinë e ka mushë. kemi nejt dhetë ditë a dy javë në Medvec te halla e burrit. Kemi flejt, po qysh kemi flejt atje? N'odë kemi flejt e majshim thmijen në legen, e kemi majt nëpër WC se s'kemi guxu përjashta se gjujshin me bomba, kan gjujt atyne. Plus vijke vjehrri, ka nejt me gjith kunatin, vijshin, na vizitojshin kanjiherë n'fshatin Medvec. Kemi nejt te halla e burrit, veç burri i hallës u kanë aty. Qaty e kemi ushqy thmijen buk me sheqer. Kemi nejt në Medvec dy javë ditë. Mas dy jave u qetësu veni edhe hajde më fshatin mu kthy. Kemi ardhë dy javë ditë n'fshatin Reti, kemi flejt n'fshatin Reti. Unë pe kallxoj historiën sha kom përjetue n'qato gjashtë javët. Kemi flejt në fshatin Reti, dy javë ditë me tesha kemi flejt. Veç katin e poshtë kemi flejt në dy soba gra, se jemi kanë familje e madhe. Burrat kan rujt njiherë nji axhë e burrit, njiherë kunati dhe her vjehrri natën. Kur kan nisë kërcimet jam kanë në ballkon nalt, tu shtri teshat, kan nisë kërcimet në fshatin Zaqisht, ktu me gjujt bum, veç kur zbrit shkallëve të poshtit i kom thanë vjehrrit ja nisi n'Zaqisht t'hinën tu gjujt. Vjehrri jem traktorin, krejt traktor edhe nëpër male kemi ikën. Krejt fshati Reti, kan ra bane sa bumbat, përmi traktor gjujshin nëpër mal na gjujshin. Hijshim nëpër ferra me traktor, vjehrri im qa qe s'dijke traktorit mi grahë, po zoti ka dashtë edhe kemi pshtue deri kur kemi arritë në fshatin Medvec. Kemi nejt në fshatin Medvec edhe katër javë. Për çdo natë ka pasë bombardime, nëpër fshatra qera qe kan gjujt çdo natë une në shtatë muj jam kanë shtatzanë, qat kohën e qatëhershmit. Kom nejt katër javë në Medvec, s'di qysh kemi nejt 4 javë, ma shum kemi hangër buk me sheqer. Kemi hangër saqe kemi bae najsen tjetër se s'guxojshim. Se edhe halla e burrit e ka pasë shpijën atje në kodër edhe thojshim me ba ti najsen mos po na gjujn pi lanavicës qe gjujshin me armë gjujshin. Dita e shtune u kanë, njizet e nanë gusht u kanë, jom nisë, burri ka ba me telefon pi Mamushë me vjehrrin ka thanë me ardhë. Unë qatëhere kom kapë dy thmijen, m'ka çue vjehrri jem me gjith. Vjehrri sa ka guxue me ardhë në Prizren me gjith burrin e hallës m'ka çue n'Prizren me autobus. Me dy thmi qyqe vet kom shkue në Austrie kom shku. Shtatë muj shtatzanie, at natë kam bujt n'Prizren njiherë te nji hallë e burrit tjetër, kom bujt. Tani kom hypë në autobus, kom shkue në Austrie. Nanëdhetë e tetë më dytin shtator, nanëdhetë e tetë kom dalë une në Austrie. N'krye dy mujve m'ka le tani djali, bajn hesapen, mjekt um kan thanë atje qaq thmija qe ki pasë kur je kanë shtatzanë tutë qe ki pasë edhe thmija e ka tutën tane e ka.

Deutsche Übersetzung
- Erster Teil -

Unsere Schulzeit, als ich die achte Klasse beendete, hier in der Schule, ich liebte es, zur Schule zu gehen, ich war sogar traurig, dass ich nicht zur Schule ging. Die Schule ist mein Traum, auch heute noch, mit 48 Jahren, mag ich die Schule, aber meine Eltern haben uns damals nicht erlaubt, zu höheren Schulen zu gehen. Ich hatte diesen Wunsch immer und träumte davon, Anwältin oder Friseurin zu werden. Ich hatte das schon immer, aber meine Mutter sagte mir immer nein, dass unser Vater im Ausland war, dass wir Mädchen ohne Vater zur Schule gehen würden und was die Leute dazu sagen könnten. Meine Eltern erlaubten uns allerdings nicht, auf eine höhere Schule zu gehen. Sie sagten, dass wir ohne Vater nicht zur Schule gehen könnten und dass die Bedingungen nicht gut genug seien. Und dafür haben die Kinder von heute viele Möglichkeiten und sie haben im Leben noch mehr Möglichkeiten vor sich. Wir sind zur Schule gegangen und haben außerdem vorher gearbeitet. Dann wurde ich in einem sehr jungen Alter verlobt. In einem sehr jungen Alter wurde ich auch verheiratet. Bevor ich 17 wurde, wurde ich Braut, aber jetzt hat jede Geschichte ihre eigene Bedeutung. Früher haben die Menschen sehr gelitten, vorher gab es kein Geld, die Menschen hatten nichts. Früher hatten die Schüler keine Kleidung, die sie in der Schule tragen konnten. Wir haben uns selten umgezogen, heute tragen die Jugendlichen jeden Tag andere Kleidung. Dann gingen wir mit einem Paar Klamotten zur Schule, wir gingen eine Woche lang mit einem Outfit. Wir haben uns damals einmal pro Woche gewaschen. Wir haben uns einmal pro Woche umgezogen. Jeden Montag gingen wir frisch gewaschen zur Schule. Und heute waschen sie sich, um abends auszugehen. Ich meine, damals war es wirklich schlimm, aber wir waren glücklicher als jetzt. Wir hatten diese Bedingungen nicht wie heute, obwohl wir sie heute alle haben, aber wir sind nicht zufrieden. Heute ist die Liebe verloren und alles. Und das war der Kosovo, und diejenigen von uns, die außerhalb des Landes sind, der Kosovo lässt uns hierherkommen. Ich bin die Erste, wenn mir jemand sagen würde, ich solle im Kosovo leben, würde ich da leben. Denn jetzt ist es möglich, ich habe das Haus gebaut, ich habe alles gemacht, die Asphaltstraße ... Damals gab es keine Asphaltstraße, ich hatte nicht einmal ein Auto. Niemand ist mit dem Auto losgefahren, um eine Braut abzuholen, niemand. Jetzt liegt es ganz in der Nähe von Rahovec und Prizren. Und das sind die Geschichten, die nicht vergessen werden, was wir früher erlebt haben und was die Jugend von heute erlebt. Und einige vergessen die Tradition des Kosovos, andere nicht. Aber es ist gut, unsere Hochzeiten und ihre Tradition zu bewahren. Und das sind die Dinge, ich weiß nicht, was ich mehr erzählen soll: Mein Sohn hat vor einem Jahr geheiratet und ist wieder getrennt. So viele Investitionen und so weiter.

- Zweiter Teil -

Es war Juli, wir feierten die Party der Braut im Haus ihres Mannes. Am Abend der Brautparty waren alle Mädchen beim Friseur und wir riefen alle: Lasst uns das Dorf verlassen, lasst uns gehen und weglaufen, denn damals waren die serbischen Feinde da. So wie wir waren, flohen wir mit Traktoren, mit Lastwagen fuhren wir in das Dorf Zojz e Medvec. Ich war im siebten Monat schwanger, mein Schwiegervater wusste nicht, wie man einen Traktor fährt. An diesem Tag brachte sich mein Schwiegervater das Fahren des Traktors bei. Wir blieben zehn Tage oder zwei Wochen in Medvec bei der Tante meines Mannes. Wir haben geschlafen, aber wie haben wir geschlafen? In dem Zimmer, in dem wir schliefen und das Kind in unseren Armen hielten, hatten wir Angst, dass serbische Feinde Bomben abfeuerten. Aber der Ehemann und der Schwager kamen und besuchten uns. Sie kamen und besuchten uns im Dorf Medvec. Wir wohnten bei der Tante des Mannes, nur der Mann der Tante war da. Dort fütterten wir das Kind mit Brot und Zucker. Wir blieben zwei Wochen in Medvec. Nach zwei Wochen beruhigte sich das Land und wir kehrten zurück. Wir kamen für zwei Tage ins Dorf Reti und schliefen dort. Ich erzähle die Geschichte dessen, was wir in diesen sechs Wochen erlebt haben. Wir schlafen im Dorf Reti, wir schlafen zwei Wochen lang in Kleidung. Wir schliefen im ersten Stock des Hauses, da wir eine große Familie waren. Die Männer bewachten das Haus, dann der

Schwager und das andere Mal nachts der Schwiegervater. Als die Kämpfe begannen, war ich auf dem Balkon und hängte meine Kleider auf. Die Kämpfe begannen im Dorf Zaqisht. Als ich die Treppe hinunterging, sagte ich meinem Schwiegervater, dass sie nach Zaqisht gehen würden, um mit Waffen zu schießen. Mein Schwiegervater nahm den Traktor und sie machten sich auf den Weg zum Berg. Im ganzen Dorf Reti fielen viele Bomben, sie griffen uns an, als wir durch den Berg gingen. Wir sind mit einem Traktor durch die Büsche gefahren, mein Schwiegervater wusste nicht, wie man einen Traktor fährt, aber Gott wollte, dass wir ihn retten, bis wir das Dorf Medvec erreichten. Wir haben noch vier Wochen im Dorf Medvec. Jede Nacht gab es Bombenanschläge, jede Nacht wurde in den Dörfern geschossen. Ich war im siebten Monat schwanger, damals blieb ich vier Wochen in Medvec, ich weiß nicht, wie wir vier Wochen geschafft haben, wir haben Brot mit Zucker gegessen. Wir essen Nahrung und tun nichts anderes. Dass die Tante des Mannes auch den Spion dort auf dem Hügel hatte und sagte, tu nichts, sonst schießen sie auf uns. Es war Samstag, der 29. August, ich ging, der Mann ging ans Telefon und sagte, er würde kommen. Ich habe beide Kinder geholt. Der Schwiegervater konnte nicht nach Prizren kommen und ich fuhr mit dem Bus nach Prizren. Also ging ich mit meinen beiden Kindern nach Österreich. Dann stieg ich in den Bus und fuhr nach Österreich. Am 2. September 1998 reiste ich nach Österreich. Nach zwei Monaten, als mein Sohn geboren wurde, sagten mir die Ärzte, dass sie Angst haben, dass das, was ich damals erlebt habe, auch mein Sohn erlebt hat.

English translation
- First part -

At the time I was in school, when I finished primary school, I really wanted to go to school, and I was sad that I didn't go to school. I have always dreamed of this, and today I am forty-eight years old, I miss school, but then our parents didn't allow us to go to a higher school. Because I wanted to become a lawyer or a hairdresser. I've always had this, but my mother told me not, because your father is abroad, she said the girls can't go to school without their father there, and what will people say. This means that today's children have good conditions, and what conditions we had before. We went to school, and we also worked. Then I was engaged at a very young age. I was married at a very young age, seventeen years old. Before turning seventeen, I became a bride, but now every story has its own connection. Before, they suffered a lot, there was no way forward. Before, they didn't even have enough clothes to wear at school. We rarely changed them, now the time has come, people are changing, they wear different clothes every day. Back then, we went to school in one pair of clothes all week, we went to school. We showered once a week. We changed our clothes once a week, we went to school every Monday washed. While now they shower every night, in the evening when they want. It means that the previous history was very bad, but we were happier than today. We really didn't have these conditions, now there are conditions, all of them, but there is no satisfaction. The love is lost, it is lost, everything is lost. For this reason, it is Kosovo and we who are abroad, come from abroad here, our country calls us. First of all, if you told me to live in Kosovo, I will do it. Because now I did everything, I did the house, I did all the things, the asphalt road ... At that time there were no asphalt roads, there were no cars either. Who of the women received a driver's licence before? No one, very rarely. While now they all have the driver's license, they did all the things. Now they did Rahovec, Prizren, they did it as if they are two minutes apart. These are some stories that are not forgotten, what we experienced in the past and what today's youth is experiencing now. And some are forgetting the traditions of Kosovo, and some are not forgetting the traditions. But some things are a little bit better, in these weddings, in these little things. And these weddings lost everything, the first banquets that ruin people with money and gold. And these are because, I don't know, man, what else can I tell you, because first of all, my son, he got married a year ago, it's been a year since my son got separated. So many investments and so many things.

- Second part -

It was July, it was in the middle of July, we had a hen night at my husband's house. When my husband's sister got married. On the sister's hen night, they all had hairstyles, they all called out: Let's leave the village, leave the village. We left because the Serbian army was coming. How we were that night, with hairstyles, with everything, people fled with tractors, with trucks, we went to the village Zojz e Medvec. I was seven months pregnant; my father-in-law didn't even know how to drive a tractor, he didn't know. That day my father-in-law learned how to drive the tractor. He filled it with a lot of people. We stayed ten days or two weeks in Medvec at my husband's aunt's place. We slept, but how did we sleep there? We slept in a room, we carried the child in the basin, we held him in the toilet, because we didn't dare to go outside because they were throwing bombs, they were shooting at us. In addition, my father-in-law used to come, he stayed with his brother-in-law, they came and visited us from time to time in the village Medvec. We stayed at my husband's aunt's place, only the aunt's husband was there. There we fed the child with bread and sugar. We stayed in Medvec for two weeks. After two weeks, the country calmed down and we returned to the village. We came to the Reti village for two weeks; we slept in the Reti village. I am telling the story of what I experienced in those six weeks. We slept in the village of Reti, we slept with our clothes for two weeks. We only slept downstairs, in two rooms the women, because we were a big family. The men were guarding us, sometimes my husband's uncle, sometimes my brother-in-law and sometimes my father-in-law at night. When the shooting started, I was on the balcony upstairs, hanging clothes, the shooting started in the village of Zaqisht, there they were throwing bombs, I went downstairs and told my father-in-law, that the shootings started in Zaqisht. My father-in-law took the tractor, loaded everyone in the tractor, and we ran away through the mountains. We went through the bushes with a tractor, my father-in-law, who didn't know how to drive a tractor, but God willing, we survived until we reached the village Medvec. We stayed in the village Medvec for another four weeks. Every night there were bombings, and there were shootings in other villages every night, I was seven months pregnant at that time. I stayed four weeks in Medvec, I don't know how we stayed for four weeks, mostly we ate bread with sugar. We ate because we didn't dare to do anything else. Because the husband's aunt also had a house there on the hill, and we said that if we do anything, they can shoot us from Lanavica, who was shooting, shooting with guns. It was Saturday, the twenty-ninth of August, I left, my husband spoke on the phone from Mamusha with my father-in-law, he told me to go. Then, I caught my two children, my father-in-law sent me. When my father-in-law dared to come to Prizren with my aunt's husband, he sent me to Prizren by bus. With two children, alone, I went to Austria. Seven months pregnant, that night I slept in Prizren, once at my husband's other uncle's place, I slept. Then I got on the bus, I went to Austria. On the 2nd of September 1998, I went to Austria. After two months, my son was born. According to what the doctors told me there, my son felt the same anxiety which I felt being pregnant with him during the war.

Fjalë	Wörter	Words
vakt	Zeit	time
andërr	Traum	dream
me leju	lassen	to let
mu ba	werden	to become
avokate	Anwältin	lawyer
frizerke	Friseurin	hairdresser
gurbet	Ausland	abroad
gjin	Leute	people
kusht	Bedingung	condition
moshë	Alter	age
tesha	Kleidung	clothes
palë	Paar	pair
e përparshme	vorig	previous
nime	wirklich	really
knaqësi	Vergnügen	pleasure
dashni	Liebe	love
nërmjet	zwischen	between
rini	Jugend	youth
pakëz	ein bisschen	a little
dukat	Gold	gold
kanagjegj	Junggesellinnen-abschied	hen night
me thirrë	rufen	call
me lshu	hinterlassen	to leave
shtatzanë	schwanger	pregnant
vjehërr	Schwiegervater	father-in-law
mi grahë	fahren	to drive

me gjujt	schießen	to shoot
kanjiherë	manchmal	sometimes
me qetësu	beruhigen	to calm down
kat	Stockwerk	floor
me rujt	bewachen	to guard
me pshtu	überleben	to survive
me bujt	übernachten	to stay over
me hypë	einsteigen	to get on
mjek	Arzt	physician
tutë	Angst	fear

6. Basketball spielen

Informationen

Geschlecht: männlich	**Alter:** 58
Ort: Suhareka	**Thema:** Leben im Kosovo

Suhareka

Tregimi shqip

Une po ta tregoj historiën pi pesëmdhetë vjete e knena. Ma s'pari pesëmdhetë vjet ja kom nisë me lue basketboll për yllin e Suharekës. Baba gjendje e ranë, u duhke me punue. Kur shkojsha me punue e lijsha shatin, iksha me lu me top. Masi vijsha në shpi, m'rrijke. Masanej tana kur i bana gjashtëmdhetë vjet, shkova në Slloveni me punue, se kushte t'kqija. Edhe shkollë me top me probleme. Tana shkova, kur bana tetëmdhetë vjet, shkova ushtar. Si erdha prej ushtrisë u martova qështu kemi hekë, jemi kanë fukara. Tana masanaj protesta, gjith kemi pasë presion pi Serbit. Demonstrata, demonstrata. Edhe erdh puna e luftës. Kur erdh koha e luftës ikëm pi ktuhit, shkumë në Shqipni. Edhe shyqyr zotit u gzumë, u çlirumë. Po shum kishim mu gzu, me punu, me gjallnue ... Iki djali, ikën, martojn çikat, metëm veç me gru te shpia. Tash shyqyr zotit hin n'punë ka pak, po jetojm. Vllaznia jashtë, kemi metë qëtu pak vet. Po masi jemi shnosh mirë, mirë apet, ishalla zoti e ban ma mirë. Po n'përgjithësi na kemi hekë shum se fukara jemi kanë gjith jetën. Më shkurt tej kom bae, pesëdhetë vjet gjith mush mush. Senet i kemi pasë, po. Shyqyr s'kemi pasë lujt n'luftë, mirë kemi asishne. Nji djali a atje n'Gjermani me gruen, me thmi. Çikat kan martue, shyqyr zotit janë rahatue. Tash me gruen kemi metë n'shpi kshtu qe ... Vllaznia kanjiherë po vjen n'vit nji herë në dy vjet, po qështu po kalojm nji far kohë.

Deutsche Übersetzung

Ich erzähle die Geschichte, als ich 15 Jahre alt war und danach. Als ich 15 Jahre alt war, habe ich Basketball für den Club Ylli in Suhareka gespielt. Dem Vater ging es gesundheitlich nicht gut, er musste arbeiten. Als ich das Land bearbeiten wollte, ließ ich das Werkzeug liegen und rannte weg, um mit einem Ball zu spielen. Nachdem ich nach Hause gegangen war, war mein Vater sauer auf mich. Als ich 16 wurde, ging ich nach Slowenien, um dort zu arbeiten. Dann wurde ich im Alter von 18 Jahren Soldat. Als ich aus der Armee kam, heiratete ich, ich war arm. Wir haben Proteste abgehalten, wir wurden von Serbien unter Druck gesetzt. Demonstrationen, Demonstrationen. Dann begann der Krieg. Als der Krieg begann, verließ ich den Kosovo und wir gingen nach Albanien. Gott sei Dank waren wir glücklich, wir wurden befreit. Mein Sohn ging, alles ging weg, ich blieb allein mit meiner Frau zu Hause. Gott sei Dank haben wir angefangen zu arbeiten. Die Brüder sind im Ausland, wir haben nur noch wenige Leute hier. Ich hoffe, dass Gott diese Situation verbessern wird. Wir haben viel gelitten. Ich habe einen Sohn in Deutschland mit Frau und Kindern. Meine Töchter sind verheiratet, Gott sei Dank geht es ihnen gut. Jetzt bin ich mit meiner Frau alleine zu Hause geblieben ... Die Brüder kommen einmal im Jahr oder alle zwei Jahre, und so vergeht die Zeit.

English translation

I tell you the story from when I was fifteen years old and further. First, when I was fifteen years old, I started playing basketball for the club Ylli of Suhareka. My father was in a serious condition, I had to work. When we went to work, I would leave the hoe, run away and play basketball. After I came home, I was tired. Then when I turned sixteen years old, I went to Slovenia to work, because the conditions were bad. Even at school, with lots of problems. Then I went, when I was eighteen years old, I went to the army. I got married as soon as I came from the army, that's how we suffered, we were poor. Then the protests, we always had pressure from Serbia. Demonstrations, demonstrations. And then the time of war comes. When the time of war came, we ran away from here, we went to Albania. And thank God we were happy, we were freed. But we had a lot of fun, work, development ... My son left, my daughters got married, we were left alone with my wife at home. Now, thank God, we work, we are living. My brothers are abroad, we are left alone here. But since we are all good, healthy, we are good, I hope God makes it better. But in general, we suffer a lot, because we have been poor all our lives. In short, until I was fifty years old. We had things, yes. Thank God we didn't go crazy in the war. One son is there in Germany with his wife and children. My daughters are married, thank God they are happy. Now my wife and

I have stayed at home, so ... My brothers sometimes come every year or every two years, and we spend a lot of time like this.

Fjalë	**Wörter**	**Words**
me tregu	erzählen	to tell
knena	dann	further
ma s'pari	zuerst	first
me nisë	anfangen	to start
me lu	spielen	to play
top	Ball	ball
ushtar	Soldat	soldier
me hekë	leiden	to suffer
fukara	arm	poor
masanaj	danach	after that
presion	Unterdrückung	suppression
Shqipni	Albanien	Albania
shyqyr zotit	Gott sei Dank	thank God
gru	Frau	woman, wife
vllazni	Brüder	brothers
vet	alleine	alone
shnosh	gesund	healthy
thmi	Kind	child

7. Schweizerin im Kosovo

Informationen	
Geschlecht: weiblich	**Alter:** 27
Ort: Skënderaj, Prishtina	**Thema:** Urlaub, Freundschaft

Skënderaj
Prishtina

Tregimi shqip

Verën e kalume ka Maji, jam pasë shku në Kosovë me nji shoqen teme e ngushtë. Ajo zvicerane asht edhe ka pasë interes për me pa Kosovën qysh asht. Nji herë kur kemi pasë mbrri n'aeroport, ka pasë ardhë djali i hallës me na marrë. Kemi pasë shku në Skënderaj se aty e kena shpiën. Për nja dy, tri ditë se pa me shku nuk ban, se ata familja, normale asht ajo. E aty kemi pasë nejt n'shpi, ke pak ftoft në shpi se shpia nuk u kanë pasë kry hala, jemi kanë tu e mermetu. E kemi nejt aty ajo ka hala as orime, kshtu n'Skënderaj kemi ba shum, me thanë drejt. Ama kemi pasë shku me hangër buk nëpër restorane, u pasë çuditë ajo pak prej çmimeve se janë kanë shum t'ult. Ama çka um ka pengu pak u kanë si, na si shqiptarë qysh jemi kur vina na t'jashtit kur shkojm n'Kosovë krejt familja vjen, ajo asht krejt normal. Ajo menojke qe familja jeme duhet me pytë ato a ban me ardhë në shpiën teme për me nejt me pi kafe. Kshtu e kemi pasë patë nji konflikt qaty në Skënderaj, se nuk e kuptojke, ajo qe asht krejt normal me ardhë krejt hallat e krejt dajt tonë, krejt mahalla me mbledhë aty edhe me pi kafe. Masanej kemi pat thanë shkojm në Prishtinë se vllau jem e ka nji banesë aty, kërkush nuk asht aty e qashtu n'Prishtinë ka çka me ba se Skënderaj asht shum i vogël, çka me ba aty, veç del pak shëtije dhe hec, u kry puna. Shkumë në Prishtinë në banesë, u kanë shum shum ma mirë. Ka pasë ardhë çika e mixhës se ajo ka studju në

Prishtinë edhe e din pak ma mirë qytetin. Kshtu thom hajt po shkojm te t'rija. Na ka pasë çu fejumi i çikës t'mixhës, na ka pasë çue në Prishtinë në banesë. Na t'dyja, une e shoqja jem, kem pak t'lodhta kshtu nuk deshtëm me dalë. Kemi pasë nejt krejt mbramjen në banesë. Ata na kan pru buk me hangër prej Hit petrollit, se i kemi krejt aty, Hit petrollin e restoranin, asht i mirë me thanë drejt. Kshtu na ka pasë pru do pasta e kemi hangër ata edhe aj na ka pasë ba do trileçe edhe muffinsa, sikur me pasë shku na për nji muj aty me banu, po veç 3 ditë kemi nejt n'Prishtinë. Kemi pasë hangër e tjetrën ditë kemi thanë hajt po dalmi. Shkumë me shëtitë pak te NEWBORN-i, e kemi pa bibliotekën. Kshtu qysh ato ku shkon me dikan qe asht për herë t'parë në Prishtinë te sheshi, pak me ja tregu qytetin. Tani ja ka pasë nisë ajo me folë për Kosovën. Kishe din ajo ça me ba e qysh asht, ja niske me thanë jo ktu krejt keq, shum bërllog, njerzt nuk janë sikur n'Zvicërr, u çuditë. U çudita me thanë drejt, u çudita. Se qysh me ardhë ti dikun, une ty me ta kallxu kulturën teme, ti me ardhë edhe me folë veç keq per ta, pak palidhje. E thojke: Jo, une kurrë ma nuk kthehna ktu. Thash: Ani, hajt pra, tungatjeta, ditën e mirë! Çka me ba?! Shkumë te shpia, masanej nji shok i asajna edhe aj shqiptar ke edhe aj në Prishtinë. U takumë me ta. N'mbramje jena pasë shku te rruga B, triangle m'doket jena pasë shku na t'dyja me at shokun. Masreti ka pasë nejt n'banesë se ajo ka pasë provime e kshtu ka duftë me nejt n'banesë e me msu. Na t'dyja dolum me at shokun. Jemi knaqë me thanë drejt, jemi pasë knaq. Pak muzikë pak, kshtu u kanë koha e kovidit hala n'Zvicërr e n'Kosovë.

Dolum aty, u knaqum koxha mirë. Masanej kemi pasë hi, kemi pasë dalë, në njimdhetë mshelshin krejt lokalet. Kemi pasë dalë, kemi ecë te ku e ka vllau banesën. Jemi pasë knaqë aty, jemi pasë shku te VIVA. Kena ble do soka, fara, ksi sene qe i blejn në Kosovë. Masanej shkumë te shpia. Nejtëm pak, folum, keshum e n'tjetrën ditë ka pasë ardhë mami jem, se ajo ke n'Skënderaj me neve. Ka pasë ardhë se patum me shku për Zvicërr edhe pak. Shkumë me hangër buk me tezen, mamin edhe ato dy tjera çikat t'mixhës. Edhe ato erdhen me mamin, shoqja jeme qashtu. Shkumë tana, hangrum buk. Une edhe shoqja jeme shkumë në aeroport se na patum me shku te shpia. E mami pat hala me nejt pak, e kshtu. Me thanë drejt jemi knaqë e kemi pasë shum fun, ama edhe ajo kajherë pak folke shum keq për Kosovën edhe për familjen edhe për haditet tona. Qajo m'ka pasë çuditë, kur ti don me ardhë dikun me msu për nji kulturë, mos fol veç keq për ta! As une nuk shkoj aty ku banon ajo në Uria a ku me ditë ku, me thanë jo jo kshtu kshtu kshtu, jo shum ftoft jo ashtu, ajo u kanë pak palidhje se ti mundesh me thanë ... Unë e di qe Kosova nuk asht perfekt, une e di qe ka problem, ama thuje në mënyrën pak ma thjesht sesa qysh e ka pasë ba ajo, e qashtu. Masanej edhe mama e bile e ka pasë thirrë ata n'darsëm t'vllaut, e une nji vlla e kam. Qysh jena na shqiptarët, darsma e vllaut shum e madhe asht, e ajo thojke: Jo, s'um ke thirrë me shkrim, pra une s'vij. Masanej kur e kena pasë çu ftesat, nuk i kam jepë asnji ftesë se ajo m'ka vra shum, e qashtu. E kam ba unë nji, m'ka ardhë pak tash pak keq diqysh. Nuk kam ma interes me pru kërkan se veç me folë keq për ta.

Ashtu ma mirë shkoj me familjen tem, me shoqet e shokët e mi qe janë shqiptarë edhe knaqmi e dimë ça me ba e qysh me shku, qajo.

Deutsche Übersetzung

Letzten Sommer im Mai reiste ich mit einer engen Freundin in den Kosovo. Sie ist Schweizerin und interessiert sich seitdem für den Kosovo. Als wir einmal am Flughafen ankamen, holte uns der Sohn meiner Tante ab. Wir gingen nach Skënderaj, weil wir dort unser Haus hatten. Wir blieben zwei oder drei Tage, weil meine Familie dort war. Und wir blieben dort im Haus, das Haus war etwas kalt, weil es noch nicht fertig gebaut war. Aber wir gingen in Restaurants und sie war überrascht, dass die Preise teilweise sehr niedrig waren. Was mich jedoch etwas gestört hat, als Albaner, wenn wir in unsere Heimat kommen, kommen alle unsere Verwandten, das ist völlig normal. Sie meinte, meine Familie sollte fragen, ob sie zum Kaffeetrinken kommen sollte oder nicht. Deshalb hatten wir hier in Skënderaj einen Konflikt, weil sie nicht verstanden hat, dass es völlig normal ist, dass alle unsere Tanten und Onkel kommen, die ganze Nachbarschaft versammelt sich dort und trinkt Kaffee mit uns. Danach sagten wir, lass uns nach Pristina gehen, mein Bruder hat dort eine Wohnung, niemand ist da. In Prishtina kann man Spaß haben, denn Skënderaj ist sehr klein, was machen wir dort? Nur ein bisschen Spazieren gehen und das war's. Wir waren in der Wohnung in Prishtina, es war sehr gut. Meine Cousine, also die Tochter meines Onkels, kam auch, sie hat in Prishtina studiert und kennt die Stadt etwas besser. Der

Verlobte der Cousine brachte uns zum Haus in Prishtina. Wir beide, meine Freundin und ich, fühlten uns etwas müde und blieben zu Hause. Wir hingen den ganzen Abend in der Wohnung ab. Sie haben uns Essen von Hit Petrol gebracht, weil wir dort alles haben, Hit Petrol und das Restaurant, das ist gut, um ehrlich zu sein. So haben wir Gebäck bekommen, wir haben es gegessen, und sie hat uns Trileçe und Muffins besorgt, als ob wir dort für einen Monat leben würde, obwohl wir nur drei Tagen in Prishtina geblieben sind. Wir hatten gegessen und am nächsten Tag sagten wir: Komm, wir gehen raus. Wir sind zum NEWBORN gegangen, wir haben auch die Bibliothek gesehen. So habe ich meiner Freundin die Stadt Prishtina gezeigt. Dann hat sie begonnen, über Kosovo zu sprechen. Sie fing an zu erzählen, dass hier alles schlimm sei, es gäbe viel Müll, die Leute seien nicht wie in der Schweiz, sie war überrascht. Ich war überrascht. Da du zu mir gekommen bist, habe ich dir von meiner Kultur erzählt, du bist zu mir gekommen und hast nur schlecht über meine Kultur gesprochen, ein bisschen sinnlos. Sie sagte: Nein, ich werde nie wieder hierherkommen. Ich sagte: Na gut, tschüss! Was soll ich machen?! Wir gingen nach Hause, dann war ein Freund von ihr ebenfalls Albaner, er war auch in Prishtina. Wir haben uns mit ihm getroffen. Am Abend gingen wir zur B-Straße. Masreti blieb zu Hause, weil sie eine Prüfung hatte und lernen musste. Wir beide gingen mit diesem Freund aus. Wir hatten eine schöne Zeit. Es gab ein bisschen Musik, so war die Zeit während Corona im Kosovo und der Schweiz. Wir haben es sehr genossen. Um 23

Uhr schlossen die Lokale. Wir gingen zum Haus meines Bruders. Wir sind auch zu VIVA gegangen. Wir haben Samen und andere Dinge gekauft, die die Leute im Kosovo kaufen. Dann sind wir zurück nach Hause gegangen. Wir blieben eine Weile, sprachen, und am selben Tag kam auch meine Mutter, weil sie mit uns in Skënderaj war. Sie kam, weil wir in die Schweiz abreisen würden. Wir gingen essen mit meiner Tante, meiner Mutter und den beiden Töchtern meiner Tante. Auch meine Freundin kam. Wir haben Brot gegessen. Meine Freundin und ich gingen zum Flughafen. Um ehrlich zu sein, verlief es sehr gut. Aber meine Freundin sprach manchmal sehr schlecht über Kosovo und unsere Tradition. Das hat mich überrascht. Wenn jemand ein anderes Land kennenlernen möchte, sollte er es nicht verunglimpfen! Auch ich tu das nicht, wenn ich dorthin gehe, wo sie lebt, und beginne, schlecht über das Land zu reden ... Ich weiß, dass Kosovo nicht perfekt ist. Meine Mutter hat sie zur Hochzeit meines Bruders eingeladen, ich habe einen Bruder. Wie wir Albaner sind, ist die Hochzeit meines Bruders sehr groß, und sie sagte: Nein, du hast mich nicht schriftlich eingeladen, also komme ich nicht. Dann, als wir die Einladungen für die Hochzeiten verteilt haben, habe ich ihr keine Einladung geschickt, weil es mich sehr verletzt hat. Und jetzt habe ich kein Interesse mehr daran, jemanden hier in den Kosovo einzuladen. Es ist besser, mit meiner Familie, meinen Freundinnen und Freunden, die Albaner sind, zu gehen und eine schöne Zeit zu verbringen.

English translation

Last summer around May, we went to Kosovo with a close friend of mine. She is Swiss and has been interested in Kosovo ever since. Once we arrived at the airport, my cousin, my aunt's son, came to pick us up. We went to Skënderaj because our house is there. For about two, three days, we stayed there. And there we stayed in the house, it was a little cold in the house because the house was not finished yet, we were fixing it. We stayed there, it has no furniture, so in Skënderaj we did a lot, to tell the truth. Well, we went eating in restaurants, it was surprising to my friend how cheap the prices were because they were very low. But what bothered me a little was how, since we are Albanians, when we come from abroad, when we go to Kosovo, the whole family comes, it is completely normal. She thought that she should ask my family if she would come to my house to stay, drink coffee with me. That's how we had a conflict there in Skënderaj, because she didn't understand, that it is quite normal that all our aunts and uncles come, the whole neighborhood gathers there and drinks coffee. Then we went to Prishtina because my brother has an apartment there, no one is there, so in Prishtina there are things to do because Skënderaj is very small, what can we do there, we can just go out for a little walk, that's all. We went to Prishtina in the apartment, it was much much better. My cousin, so my aunt's daughter, came because she studied in Prishtina and knows the city a little better. So, we say let's go there. My cousin's fiancé brought us, he brought us to Pristina, to the apartment. Both of us, me and my friend, we were a little tired, so we didn't want to go out. We stayed in the apartment all evening. He brought us bread and snacks from Hit petrol, because we had everything there, Hit petrol and the restaurant, it's good to be honest. So, he brought us some pastries and we ate, and he made trileçe and muffins for us, as if we would live there for a month, but we only stayed for 3 days in Prishtina. We ate and the next day we said let's go out. We went for a walk at NEWBORN, we saw the library. This is how it is when you go with someone who is in Prishtina for the first time to the square, to show the city a little. Now she started talking about Kosovo. Like she knows what to do and how long it has been, she started to say, not here, it's very bad, too much trash, the people are not like in Switzerland, she was surprised. I was honestly surprised, I was surprised. Since you came from somewhere, I told you about my culture, you came to me and spoke only badly about it, a little bit senseless. And she said: No, I'm never coming back here. I said: Ok, bye, good day! What should I do?! We went home, then a friend of hers, also Albanian, was in Prishtina, as well. We met him. In the evening we went to street B, we both went with that friend. Masreti stayed in the apartment because she had exams and thus, she should stay in the apartment and study. We both go out with that friend. We had fun, to be honest, we had fun. A little music, that's how the time of covid was still in Switzerland and Kosovo.

I went there, I was very satisfied. Then we entered, we left, at eleven o'clock all the bars were closed. We went out, we walked to my brother's apartment. We were happy then; we went to VIVA. We bought juices, seeds, things that are bought in Kosovo. Then we went home. We stayed for a while, talked, laughed and the next day my mom came, because she was in Skënderaj with us. She had come because we had to go to Switzerland for a while. We went eating with my aunt, my mother and the other two daughters of my uncle. And they come with my mom, my friend too. Then we went, we ate. My friend and I went to the airport because we were going home. And my mom had to stay a little bit, like that. To be honest, we were happy, and we had a lot of fun, but she sometimes spoke very badly about Kosovo and about our family and about our traditions. It makes me wonder, when you want to bring someone to know your culture, just don't talk bad about them! I don't even go to where she lives in Uria or somewhere, she told me no, not like this, like that, very cold, like that, she was a little mean, because you can tell me ... I know that Kosovo is not perfect, I know there are problems, but say it a little more simply than she said it, and like that. Then even my mom invited her to my brother's wedding, I have one brother. How we are Albanians, my brother's wedding is very big, and she said: No, you didn't invite me in writing, so I'm not coming. Then when we sent the invitations, I didn't give her any invitation because she hurt me a lot, and so on. I made one myself, I felt a little sorry somehow. I'm not interested in bringing anyone and talk bad about them. So, I better go with my family, with my friends who are Albanians, and we enjoy ourselves, we know what to do, how to go, that's it.

Fjalë	Wörter	Words
e ngushtë	eng	close
me mbrri	ankommen	to arrive
ftoft	kalt	cold
çmim	Preis	price
mu çuditë	sich wundern	to wonder
i ult	niedrig	low
me menu	denken	to think
me pytë	fragen	to ask
me pi	trinken	to drink
me kuptu	verstehen	to understand
hallë	Tante	aunt
dajë	Onkel	uncle
mahallë	Nachbarschaft	neighborhood
me mbledhë	versammeln	to gather
banesë	Wohnung	flat
mixhë	Onkel	uncle
qytet	Stadt	city
mbramje	Abend	evening
me banu	wohnen	to dwell
me shëtitë	spazieren gehen	to stroll
bërllog	Müll	trash
palidhje	sinnlos	senseless

tungatjeta	Hallo, Tschüss	Hello, Bye
mu taku	sich treffen	to meet
rrugë	Straße	street
provim	Prüfung	exam
me dalë	rausgehen	to go out
koxha	ziemlich	quite
me mshelë	schließen	to close
sok	Saft	juice
fara	Samen	seeds
me keshë	lachen	to laugh
kajherë	manchmal	sometimes
bile	sogar	even
darsëm	Hochzeit	wedding
ftesë	Einladung	invitation
me pru	bringen	to bring

8. Nahrung

Informationen	
Geschlecht: männlich	**Alter:** 70
Ort: Zaqisht	**Thema:** Landwirtschaft

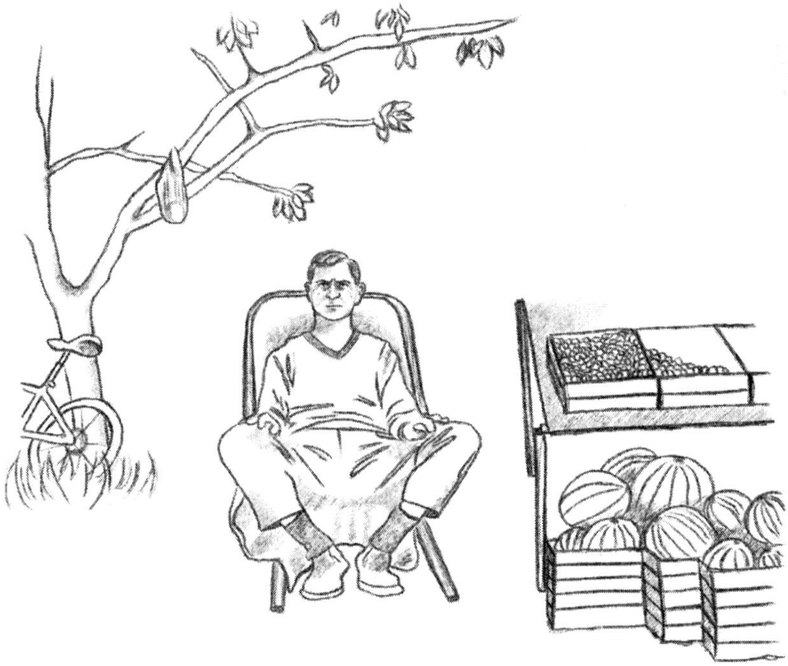

Zaqisht

Tregimi shqip

Na kemi qenë tre vllazën bashk. Nana, baba u kanë atëhere gjall u kanë. Kemi pasë tokë, afër dhetë hekter tokë i kemi pasë. Tani jemi nda. Ma s'pari kemi qenë une edhe vllau i madh, kemi qenë n'Gjermani kemi punue. Aj ka dekë vllau i madh. Edhe jemi nda. Une po jetoj veç ktu. Aj vllau tjetër anej ... Jemi marrë ma shum me vneshta, rrushin e kemi shitë me hollandesa, me gajbica, dyqind copa n'kamion. E kemi shitë, e kemi çu në Prishtinë e kemi shitë. Bostan kemi pasë, edhe ata e kemi çu me kamion në Prishtinë, në Mitrovicë, e kemi shitë. Buka kanjiherë, gruni s'na dilke për tan vitin buk me pasë. Shitshim bostan apo rrush, bleshim buk. Thast me mjellë i plotsojshim sa harxhojm për nji vit, a din? Për me hangër mish, ndo sene, blejshim edhe kshu puna ... Blejshim ka nji lopë t'madhe, e preshim për dimën. E tershim nëpër hunj, nëpër druna. E vjershim kshu nalt, e qitshim mishin e rripojshim të hollë e rripojshim për mu terrë ma mirë. Tenxherja e madhe, tenxherja asht qe ban buk qe zin, zihet ma shum çka ka qitë lakna, pasul, ndonjë qetër sen. Me shum copa t'mishit aj u boke ma i mirë, me shum mish kur zihet në nji tenxhere t'madhe. Tu qitë plaki u deshtë me e ndrrue bateriën, me ja qitë n'zemër. Ja kemi qitë bateriën. Nanën e kan mytë n'luftë shkijet, po. Tani shpija e djegne, ti e ke pa ndoshta po.

Deutsche Übersetzung

Wir waren drei Brüder zusammen. Mama und Papa lebten damals. Wir hatten Land, wir hatten fast zwei Hektar Land. Jetzt sind wir getrennt. Mein älterer Bruder und ich waren dort, wir waren in Deutschland, wir haben gearbeitet. Der ältere Bruder ist tot. Wir sind getrennte Wege gegangen. Ich lebe hier alleine. Der andere Bruder dort ... Wir waren mehr mit Wein beschäftigt, wir haben Trauben verkauft, in Körben, zweihundert Stück im LKW. Wir haben es verkauft, wir haben es nach Prishtina gebracht, wir haben es verkauft. Wir hatten Wassermelonen, wir haben sie auch mit dem LKW nach Prishtina, Mitrovica gebracht, wir haben sie verkauft. Einmal hatten wir nicht genug Brot für das nächste Jahr. Wir haben Wassermelonen oder Weintrauben verkauft und Brot gekauft. Wir haben die Säcke mit Mehl gefüllt, so viel, wie wir ein Jahr lang verbraucht haben. Um Fleisch zu bekommen ... Wir haben eine große Kuh gekauft und haben sie für das Fleisch geschlachtet. Wir haben das Fleisch geschnitten, in dünnen Streifen. Wir hatten einen großen Topf, mit dem wir Schwarzbrot gemacht haben, er hat die meisten Dinge gekocht, Weißkohl, Bohnen und jede Art von Fleisch. Je mehr Fleischstücke, desto besser, desto mehr Fleisch wird in einem großen Topf gegart. Die Mutter wurde im Krieg von den Serben getötet. Dann ist das Haus niedergebrannt, du hast es vielleicht gesehen.

English translation

We were three brothers together. Mother and father were alive then. We had land, almost ten hectares of land. Now we are separated. First, we were me and my older brother, we were in Germany, we worked. He's dead, my big brother. And we are apart. I live here alone. That other brother over there ... We were busy with vineyards, we sold grapes with crates, two hundred pieces in the truck. We sold them, we brought them to Prishtina, we sold them. We had watermelons, we also brought them by truck to Prishtina, Mitrovica, we sold them. Bread sometimes, the grain was not enough for the whole year to have bread. We sold watermelons or grapes, and we bought bread. We used to fill sacks with flour as much as we used for a year, you know? In order to eat meat, anything, we bought and that's the job ... We bought a big cow, slaughtered it for the winter. We dried it through the pegs, through the trees. We hung it up, cut the meat, cut it into a thin strip, cut it into a strip for it to dry better. The big pot, the pot is for cooking, for boiling, it boils as much as there is cabbage, beans, or any other thing. The more pieces of meat it got the better, more meat when boiled in a big pot. The old man asked, he had to change the battery, put it in his heart. Here we put the battery. My mother was killed by the Serbs in the war, yes. Then the house was burnt, you have maybe seen it.

Fjalë	Wörter	Words
vllazën	Brüder	brothers
gjall	am Leben	alive
tokë	Land	land
mu nda	sich trennen	to separate
mu marrë me	sich beschäftigen mit	to occupy with
rrush	Weintrauben	grapes
kamion	LKW	truck
me shitë	verkaufen	to sell
bostan	Wassermelone	watermelon
grunë	Korn	grain
me harxhu	verbrauchen	to use up
mish	Fleisch	meat
me ble	kaufen	to buy
tenxhere	Topf	pot
me zi	kochen	to cook
lakna	Weißkohl	cabbage
pasul	Bohnen	beans
me mytë	ermorden	to murder
e djegne	verbrannt	burnt

9. Pferd im Fluss

Informationen	
Geschlecht: männlich	**Alter:** 30
Ort: Suhareka	**Thema:** Pferd

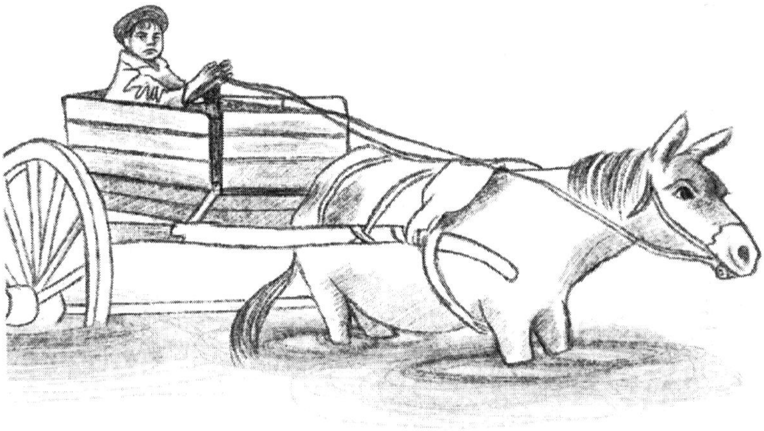

Suhareka

Tregimi shqip

Kur jom kanë gjashtë vjeçar me bablokin tem, kom shku gjithmonë n'ara me punue tokën ose me mbledhë ushqim për lopët ose për kuajt qe kena pasë. Edhe njiherë na ka ndodhë qe e kena pasë nji kali shum t'vogël, edhe aj lumi ku kena kalu me kali u kanë shum i keq. Njiherë na ka metë kali, na ka pasë sharru aty shum keq edhe jom pasë frigu shum. Kom mendu qe s'do t'mujna me dalë ma prej atyhit. Edhe kom kcy prej kerrit t'kalit se jom frigu shum. Edhe kom fillu me kajt. Po ka dashtë zoti qe babloki jem u kanë shum i fort edhe ka ditë qysh me ... Qysh me ba punën ma mirë qe me dalë me kali prej atyhit. Edhe pas nji kohe ja ka arritë qe kali me dalë prej lumit aty ku ka metë. Edhe qaty jom gzu, shum jom gzue. U kanë gzimi shum i madh për mu edhe për jetën teme edhe për bablokin tem, se kom mendu qe ka me na ndodhë diçka shum e keqe.

Deutsche Übersetzung

Als ich sechs Jahre alt war, ging ich mit meinem Großvater immer auf die Felder, um das Land zu bearbeiten oder Futter für die Kühe oder Pferde zu sammeln, die wir hatten. Und einmal ist es uns passiert, dass wir ein sehr kleines Pferd hatten und der Fluss, den wir überquert haben, sehr schlecht war. Einmal ist uns das Pferd stecken geblieben und ich habe mich sehr gefürchtet. Ich habe gedacht, dass wir da nicht wieder rauskommen werden. Ich bin sogar vom Pferdewagen gesprungen, weil ich zu viel Angst hatte. Ich fing sogar an zu weinen. So Gott wollte, war mein Großvater sehr stark und er wusste, wie wir aus dieser Situation herauskommen konnte. Nach einiger Zeit gelang es ihm, das Pferd aus dem Fluss zu holen, wo es feststeckte. Und da war ich sehr froh. Es war eine sehr große Freude für mich, mein Leben und für meinen Großvater, weil ich dachte, dass uns etwas sehr Schlimmes passiert ist.

English translation

When I was six years old, I always went to the fields with my grandfather to work the land or collect food for the cows or horses we had. And once it happened to us that we had a very small horse, and the river where we crossed with the horse was very bad. Once our horse was left, it sank there very badly, and I was very scared. I thought we wouldn't be able to get out of there. And I got down from the horse carriage because I was too scared. And I started crying. But God willing, my grandfather was very strong and knew how to ... He did the best job for me to get out of there on the horseback. And after a while, he managed to get the horse out of the river, from where it was stuck. And I was happy there, I was very happy. It was a great joy for me and for my life and for my grandfather, because I thought that something very bad had happened to us.

Fjalë	**Wörter**	**Words**
bablok	Opa	grandpa
gjithmonë	immer	always
arë	Feld	field
me punue tokën	das Land bearbeiten	to work land
ushqim	Nahrung	food
njiherë	einmal	once
kali	Pferd	horse
lum	Fluss	river
me metë	bleiben	to remain
mu frigu	sich fürchten	to be afraid
me fillu	beginnen	to begin
me kcy	springen	to jump
i fort	stark	strong
me arritë	schaffen	to accomplish
gzim	Freude	joy
jetë	Leben	life
diçka	etwas	something

10. Aufwachsen als Mädchen

Informationen

Geschlecht: weiblich	**Alter:** 67
Ort: Suhareka, Zaqisht	**Thema:** Kindheit

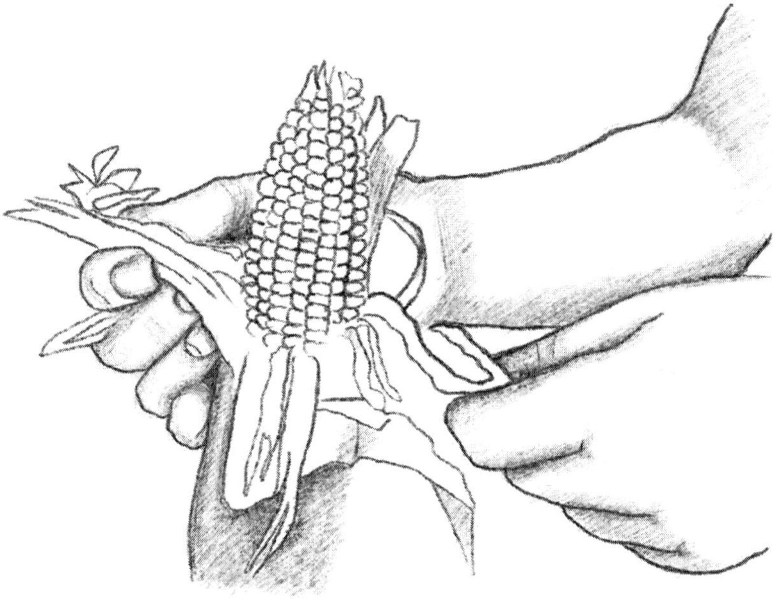

Zaqisht
Suhareka

Tregimi shqip

Kur jom kanë çikë, i kom pasë dhetë vjet. M'ka çu baba me shitë, rrush me shitë, bostan me shitë, pjeshka. Shkojshna n'vneshtë, e mbujshna sepetin me rrush n'kryje. Edhe i çojsha edhe i shitshna ato. Shkojsha prap edhe njiherë, pjeshkat, rrushe, bostane, i çojsha me shitë, çka mos kom çu me shitë, qashtu. Edhe jom fejue tremdhetë vjete. Tej i kom ba gjashtëmdhetë vjet, tre vjet kom nejt e fejune. Kur i kom ba gjashtëmdhetë vjet m'ka martu baba. U tutë qe s'po gjaj burrë qe m'ka pru qëtu qe n'Zaqisht, qështu. Tani hajt hajt tu rritë asi shkojsha me gja. Shkojke me gja tej kom marrë nuse, m'ka çu me lopë e me kuval me rue, e tanat qështu u kanë. Qe faqa e zezë u kanë atëhere, jo mirë. Tani bash mberdhije, shkojshim bajshim vneshta, ordhija bajshim. Une hypshna e m'rrzojshin ordhija ato hardhit e rrushit. M'rrzojshin, m'çojshin, u çoshna, u rrzoshna. E mbushna kerrin, hypshna n'kerr nalt. Baba ma ipke mue, ordhijat une mi palue nalt atje n'kerr. Qashtu u kanë puna atëhere, faqa e murrme ma shkurt e ma gatë. Edhe tani erdha nuse. Kur erdha nuse ktu edhe ktu jo shko me korrë grunë, jo shko me prehë kallamoqe, me vjelë duhane ... Tana qëto i kam bae. Edhe tani u bane thmija e ren, tash s'po di ça me t'thanë.

Deutsche Übersetzung

Als ich ein Mädchen war, war ich zehn Jahre alt. Mein Vater schickte mich, um Trauben, Wassermelonen und Pfirsiche zu verkaufen. Ich ging in die Weinberge und füllte meinen Korb mit Trauben. Dann brachte ich sie zum Verkauf. Ich ging wieder, um Pfirsiche, Trauben und Wassermelonen zu verkaufen. Alles habe ich dort verkauft. Dann habe ich mich mit 13 Jahren verlobt. Als ich 16 Jahre alt war, hat mein Vater mich verheiratet. Er hatte Angst, dass ich keinen Ehemann finden würde, also brachte er mich hierher nach Zaqisht. Ich bin gekommen, um das Vieh zu hüten. Die wirtschaftliche Situation war damals nicht gut. Wir arbeiteten in den Weinbergen. Ich stieg hinauf und stieg wieder herunter. Ich füllte das Auto und wir fuhren los. Mein Vater gab mir die Weinreben, damit ich ihn auf dem Auto befestige. So war es damals. Und dann war ich eine Braut. Als ich hierherkam, ging ich arbeiten, erntete Getreide, schnitt die Maiskolben, pflückte Tabak ... Ich habe all diese Dinge gemacht. Dann hatte ich Kinder und jetzt weiß ich nicht, was ich dir sagen soll.

English translation

When I was a girl, I was ten years old. My father sent me to sell, to sell grapes, to sell watermelons, peaches. I used to go to the vineyard, and I filled the basket on top of my head with grapes. And I took and sold them. I went back one more time, and I sent them to sell the peaches, grapes, watermelons, whatever I had to sell, just like that. I was engaged at thirteen years old. Until I was sixteen years old, I stayed engaged for three years. When I turned sixteen my father married me. He was afraid I wouldn't be able to find a husband and he brought me to Zaqisht, like that. He went with the herd of animals until he got a daughter-in-law, he sent me to look after the cows, and horses, and it was just like that. At that time, it was an embarrassment, not good at all. We used to collect vine. I climbed and the grapes fell down me. They fell down me, then I got back up, I got back up, I fell. I filled the vehicle, got up high in the vehicle. My father gave vines to me, and I placed them in place in the vehicle. This is how it was back then, more or less. And then I became a bride. When I became a bride here to harvest the grain, cut the corn, pick up tobacco ... Then I did all of that. Then I had kids, and now I don't know what to tell you.

Fjalë	Wörter	Words
me çu	schicken	to send
pjeshkë	Pfirsich	peach
bostan	Wassermelone	watermelon
vneshtë	Weingut	vineyard
me mbushë	füllen	to fill
prap	wieder	again
e fejune	verlobt	engaged
me gjetë	finden	to find
gja	Vieh	cattle
nuse	Braut	bride
me rue	bewachen	to guard
mu rrzu	fallen	to fall
mu çu	aufstehen	to stand up
me korrë	ernten	to harvest
me prehë	schneiden	to cut
kallamoq	Mais	corn
me vjelë	ernten	to harvest
duhan	Tabak	tobacco

11. Entkommen

Informationen

Geschlecht: weiblich	**Alter:** 35
Ort: Suhareka	**Thema:** Krieg, Kinder

Suhareka

Tregimi shqip
- Pjesa e parë -

N'mars t'vitit nanëdhetë e nanë i kom ba dymdhetë vjet edhe n'at kohë ka qenë koha shum e vështirë me situatën në Kosovë me luftën mes Kosovës edhe Serbisë. Edhe m'kujtohet qe kemi fjetë nji kohë shum të gjat me tesha, me rroba t'veshunë, me frikën çka ka me ndodhë edhe kur kemi ikë prej shpisë. Ka qenë nji mëngjes shum i hershëm kur babi ka dalë në rrugë me pa se çka po ndodh. Edhe ka pa qe ushtria veç kan fillu me hy nëpër shpia edhe mi kallë shpiat edhe mi largu njerzt. Edhe prej aty na kemi vrapu shum shpejt. Kemi dalë nga shpia tona te shpiat përpara qe janë kojshitë. Edhe kur kemi mbrri mas dy, tri shpiave mbrapa, e kemi kthy kokën me pa edhe kemi pa qe dy nga shpiat veç kan fillu me u kallë. Edhe njana prej tyne asht shpia ku jemi tash ktu. Edhe ka qenë shum e fshtirë me përpunu at menim në kokë se çka ka qenë duke ndodhë e t'njejtën kohë frika si kemi me kalu në pjesën tjetër t'qytetit pa na gjujt snajperat qe kan qenë nëpër ndërtesat t'nalta. Edhe e di qe kemi qenë na si familje me loken me babalokin, axhallarë, dada e madhe me familje, krejt duke kalu rrugën për me dalë n'pjesën tjetër t'qytetit. Edhe duke mbajt frymën në nji mënyrë qe me pshtu kokën. Edhe mandej kemi shku nëpër disa lagje t'Suharekës derisa kemi dalë më nji pjesë të fshatrave anej ka fshatrat e Reçanit nalt. Edhe ka qenë nji ujë shum i madh ku babi ka ndihmu shumicën e njerzëve me kalu, si lloj reke i thojm ose lum. Me kalu pjesën tjetër qe me mujt me vazhdu rrugëtimin. Edhe diku kemi ecë gjat gjith ditës, kemi dëgju shum njerëz tu kajt, tu vajtu për dikan qe kan humbë ose kan lanë mbrapa. Derisa kemi mbrri në fshatin Grejkoc te familja e njanës prej nuseve tona. Edhe atje kemi nejt disa ditë derisa NATO ka fillu bombardimet edhe nuk ka qenë e sigurt me nejt aty. Edhe mandej prej aty kemi ba diku tri net e tri ditë rrugë me nji traktor, njizet e pesë veta mbrapa. Burra, gra, fmi, tri tjetër, derisa kemi kalu kufinë me shku për n'Shqipëri. Edhe atje jemi ni pak ma t'lirë sepse kemi kalu prej zonës t'parë t'luftës. Nji përjetim qe nuk e di a e kom me harru najhere qe nuk kisha dashtë ma asnjihere fmitë tanë me e përjetu.

- Pjesa e dytë -

Diçka tjetër qe e kisha nda asht mënyra se si gjanat kan ndryshu për kto vite, sidomos në kohën pas luftës, qe njizet e tre vite. Është mënyra kur unë mendoj për ata qe kur kam qenë une fmi. Sa kam pasë drejtë me fmitë në përgjithësi me pasë ... Me i njoftë drejtat e tyne, me folë për drejtat e tyne, qoftë n'shkollë, qoftë n'shpi para prindëve. Kurse tani n'kohën moderne ose n'kohë të sotme fmitë i njohin drejtat e tyne, fmitë i kërkojn drejtat e tyne. Edhe ajo çka une shoh si diçka shum bukur n'jetë asht si gzim, asht fakti qe jam nanë, i kam dy fmi vet. Edhe e shoh drejtën qe ata e kan. Edhe e vlerësoj kur ata kërkojn diçka ose kur ata flasin edhe une i ndëgjoj edhe i kuptoj ato që ata kan nevojë, për dallim prej asajna kur t'mendoj që ndoshta edhe ne kemi pasë nevojë apo nuk e kemi pasë drejtën me folë ose nuk na kan dhanë drejtën me folë. Ose për vendet qe une përpara ndoshta nuk i kam ditë qe egzistojn edhe tani na jepet mundësia me shëtitë. Edhe pse prap me vështirësi me viza po me shëtitë nëpër vene t'bukra bashk me fmitë qe edhe fmitë tanë me pa, ka gjana t'bukura ose kaq kultura t'ndryshme n'jetë. Ose qata me msu sa ma shum për jetën edhe me vlerësu jetën sa ma shum. Pse jo gjithmonë ndoshta janë gjanat shum t'bukura edhe i majn veç ato po edhe ato qe kanjiherë njerzt s'doken t'mira edhe janë t'fshtira na ndihmojn qe na me kuptu se kush ne zgjedhim me qenë n't'ardhmen. Edhe asht nji msim edhe për neve si prindë kur i shohim fmitë tânë duke msu gjana t'reja se si ata i kuptojn ato e si i shkrujn ato edhe si ne nuk e kemi pasë drejtën me i pa ose me i pasë. Edhe po shpresoj qe nuk ka me shku gjithçka rreth botës duke ndryshu për keq po për mirë qe mju dhanë mundësia t'gjitha gjeneratave t'ardhshme me pasë edhe ndoshta edhe ma t'bukur jetën a me vlerësu edhe ma shum jetën sesa e vlerësojn sot.

Deutsche Übersetzung
- Erster Teil -

Im März 1999 war ich zwölf Jahre alt, und zu dieser Zeit war die Situation im Kosovo aufgrund des Krieges zwischen Kosovo und Serbien sehr schwierig. Ich erinnere mich, dass wir eine lange Zeit mit Kleidern geschlafen haben, mit angezogenen Kleidern, mit der Angst, was passieren wird, und als wir aus dem Haus gegangen sind, war es früh am Morgen, als mein Vater auf die Straße gegangen ist, um zu sehen, was passiert. Er hat gesehen, dass die Armee in die Häuser eindrang und Feuer legte und die Menschen vertrieb. Wir sind sehr schnell gerannt. Wir haben unser Zuhause verlassen. Als wir gegangen sind, haben wir uns umgedreht und gesehen, dass zwei oder drei Häuser in Flammen standen. Und eines davon war das Haus, wo ich hier jetzt bin. Es war sehr schwer zu glauben, was passierte, und ich hatte Angst, die andere Seite der Stadt zu überqueren, weil die Serben uns mit Scharfschützen erschießen könnten. Wir waren alle zusammen als Familie mit Großmutter und Großvater, Onkeln, Tanten. Wir sind alle die Straße entlanggegangen, um auf die andere Seite der Stadt zu gelangen. Ich habe mich sehr beeilt, um zu entkommen. Dann sind wir in einige Stadtviertel von Suhareka gegangen und dann in die Dörfer von Reçan. Es war ein großer Fluss, und mein Vater half den Menschen, den Fluss zu überqueren. Wir sind den ganzen Tag zu Fuß gegangen. Wir hörten Menschen weinen und um jemanden trauern, der verloren gegangen oder zurückgeblieben war. Bis wir das Dorf Grejkoc erreichten, bei der Familie einiger unserer Verwandten. Dort blieben wir einige Tage, bis die NATO mit den Bombardierungen begann und es dort nicht mehr sicher war. Dann sind wir von dort aus etwa drei Tage und Nächte mit einem Traktor weitergefahren, 25 Personen hinten. Männer, Frauen, Kinder, bis wir die Grenze nach Albanien überquerten. Dort fühlten wir uns etwas freier, weil wir die erste Kriegszone hinter uns gelassen hatten. Eine Erfahrung, die ich nicht weiß, ob ich sie vergessen werde oder nicht, aber ich möchte nicht, dass unsere Kinder so etwas erleben müssen.

- Zweiter Teil -

Etwas anderes, was ich teilen würde, ist die Art und Weise, wie die Dinge sich in den Jahren verändert haben, besonders in der Zeit nach dem Krieg, seit 23 Jahren. Es ist die Art und Weise, wenn ich daran denke, als ich Kind war. Soweit ich das Recht hatte, überhaupt Kinder zu haben ... Ihre Rechte zu kennen, über ihre Rechte zu sprechen, sei es in der Schule oder zu Hause vor den Eltern. Während jetzt in der heutigen modernen Zeit kennen die Kinder ihre Rechte, die Kinder verlangen ihre Rechte. Und das, was ich als etwas sehr Schönes im Leben sehe, es ist wie eine Freude, ist der Fakt, dass ich Mutter bin, ich habe selbst zwei Kinder. Und ich sehe das Recht, das sie haben. Und ich schätze es, wenn sie etwas verlangen oder wenn sie sprechen, und ich höre ihnen zu, und ich verstehe sie, dass sie etwas brauchen, im Gegensatz zu dem, was ich bedenke, da wir vielleicht auch etwas gebraucht haben, aber wir hatten nicht das Recht zu sprechen, oder man hat uns nicht das Recht gegeben zu sprechen. Oder über die Orte, bei denen ich vorher vielleicht nicht wusste, dass sie existieren, und jetzt gibt man uns die Möglichkeit spazieren zu gehen. Obwohl wieder mit der Schwierigkeit der Visas, aber durch schöne Orte zusammen mit den Kindern zu spazieren, sodass auch unsere Kinder sehen, es gibt schöne Dinge oder so viele verschiedene Kulturen im Leben. Oder dass sie so viel wie möglich über das Leben lernen und dass sie das Leben so sehr wie möglich wertschätzen. Weil die Dinge vielleicht nicht immer schön sind und sie nur das behalten, aber manchmal scheinen die Menschen auch nicht so gut und sind schwierig, aber sie helfen uns dabei, zu verstehen, wer wir uns aussuchen in der Zukunft zu sein. Und es ist auch eine Lektion für uns Eltern, wenn wir sehen, wie unsere Kinder neue Dinge lernen, wie sie sie verstehen und aufschreiben, denn wir hatten nicht das Recht, die Dinge so zu erleben oder zu haben. Und ich hoffe, dass sich nicht alles auf der Welt zum Schlechten wendet, sondern zum Guten, um allen zukünftigen Generationen die Möglichkeiten zu geben, ein vielleicht schöneres Leben zu haben, oder das Leben mehr zu schätzen, als wie sie es heutzutage schätzen.

English translation
- First part -

In March of the year 1999, I turned twelve years old and at that time it was a really hard time in Kosovo with the war between Kosovo and Serbia. I remember we slept for a long time with clothes, with clothes on from the fear of what will happen when we leave the house. It was an early morning when my dad went in the streets to look what was happening. He saw that the army has started to go into houses, burn them and take people away. From there we ran really fast. We went from our houses to the neighbors in front us. And when we reached two or three houses, we saw that two houses already started burning. Including the house where we are now. It was really hard to process that thought in my head of what was happening and at the same time the fear of passing the other part of the city, without being shot by snipers who were in the high buildings. And I remember as a family we were with my grandmother, grandfather, uncles, big sister with their families. And all of them trying to reach the other part of the city, so we could save our head. After that we went to some neighborhoods in Suhareka until we went to a village, somewhere by the villages of Upper Reçan. There was a large river where my dad helped most of the people to pass. To pass the other part, so we could continue our journey. We walked somewhere all day too, we heard a lot of people crying, crying for someone they lost or left behind. While we arrived in Grejkoc at the family of one our daughters-in-law. We stayed there for a few days until NATO started the bombings, and it was not safe to stay there anymore. After that from there we passed about three nights and three days of road with a tractor, twenty-five people behind. Men, women, kids, young and old, until we passed the border to go to Albania. There we felt free because we passed the first war zone. An experience that I don't know if I can ever forget, an experience that I don't want our kids to experience.

- Second part -

Something else I would like to share is the way that things have changed over the years, especially after the war, in twenty-three years. It is the way when I think about when I was a kid. How I had the right in general to have kids ... To know their rights, to speak about their rights, whether at school, at home in front of their parents. Whereas now in the modern days or nowadays the kids know their rights, the kids ask about their rights. And the thing, that I see is something that in life is happiness, it is the fact that I am a mother, I have two kids. And I see the rights that they have. And I appreciate when they ask something or when they talk and I listen and understand them, those that they need, the difference from the thought that maybe we needed as well, but we didn't have the right to talk, or they didn't give us the right to talk. Or for the places that I maybe didn't know they existed and now we have the opportunity to visit new places. Even though, it is still difficult to travel, but to look around beautiful places together with the kids, so our kids can see, there are beautiful things or a lot of different cultures in life. Or that they learn that they should value life as much as they can. Because some things aren't always nice and when they only remember them, but sometimes some people seem bad and are difficult, but they also help us understand, who we choose to be in the future. And it is a lesson for us parents, when we see our kids learn new things, how they understand, how they write, because we didn't have the right to experience and have such things. And I hope that everything around the world is not going to change for the worst, but for the best, so there will be an opportunity for every generation in the future to have the same or even a better life and appreciate life even more than we do now.

Fjalë	**Wörter**	**Words**
me fjetë	schlafen	to sleep
frikë	Angst	fear
mëngjes	Morgen	morning
i hershëm	früh	early
me kallë	anzünden	to set fire
me vrapu	rennen	to run
kojshi	Nachbar	neighbor
kokë	Kopf	head
me përpunu	verarbeiten	to process
menim	Gedanke	thought
ndërtesë	Gebäude	building
loke	Oma	grandma
babalok	Opa	grandpa
frymë	Atem	breath
lagje	Nachbarschaft	neighborhood
shumicë	Mehrheit	majority
rrugëtim	Reise	journey
me dëgju	hören	to hear
me kajt	weinen	to cry

me vajtu	leiden	to suffer
veta	Personen	people
kufi	Grenze	border
mu ni	sich fühlen	to feel
e lirë	frei	free
përjetim	Erfahrung	experience
me harru	vergessen	to forget
me përjetu	erleben	to experience
me nda	teilen	to share
mënyrë	Art und Weise	way
me ndryshu	ändern	to change
sidomos	insbesondere	especially
drejtë	Recht	right
kurse	während	while
me vlerësu	wertschätzen	to appreciate
dallim	Unterschied	difference
vend	Ort, Land	place, country
me zgjedhë	auswählen	to choose
gjithçka	alles	everything
mundësi	Möglichkeit	opportunity

12. Das älteste Kind

Informationen	
Geschlecht: männlich	**Alter:** 64
Ort: Suhareka	**Thema:** Kindheit, Jugend

Suhareka

Tregimi shqip

Une pe tregoj qe prej asi kom qenë thmija ma i madh. Babi jem nuk ka qenë n'punë, ka punu me bujqsi. Si i vogël m'ka marrë gjith me nji kali, tu çu kalin me livrue. Edhe tana masi nisëm me u rritë pak. Tana mirë qe m'ka pa kshtu. Misër, grunë, bostan qëto sene. U duhke mu çu mi shitë me babën me u çu herët. Tana baba blejke lopë me i çu me i shitë lopët, e une me i nga ktu. E une tetëmdhetë kilometra u duhke me shku n'kamë, n'kamë tetëmdhetë kilometra, sa mujsha. Atëherë ma blejke nji tërë bukë. E bukën e bardhë thojke asht buka e leprit. Unë u gzojshna, buk kshtu e furrës. Tana masanej shkollën fillore kur e kom kry kom shku n'shkollë t'mesme në Prizren, teknikes. Sefte qaty m'i ka ble nji palë kpuca, se kurrë kpuca s'kisha veshë si pesëmdhetë vjeçar. E prej aty e kryta shkollën e mesme ... Jo, më martojti aj mue. pesëmdhetë e gjysë m'ka martu. Tana u duhke mu msu, me punu, me shku n'shkollë. E masi e kryta shkollën e mesme, tri vjeçare u kanë ajo shkolla e mesme teknike. Edhe shyqyr u diplomova, menojsha me hi n'punë, u kanë fabrika e Ballkanit ktu. Fabrika e gumës e Ballkanit u kanë. Menojsha qështu me hi, po s'ke kismet aty me hi. Kom lypë vullnetar me shku ushtar. Kur kom shku ushtar, atje kom marrë lejen. Si njizet vjeçar tana kom hi n'punë. E pi qatyhit ja kom ni pak lezetin se e kishna paren teme, rrogën teme. Tana kisha punu, ja nisëm pak mu gjallnu. Tana masanej mujta me çu Xhetin, shkojti n'shkollë, n'Prizren. Tana Ismeti shkojti n'shkollë. Tana Refkija shkojti n'Sarajevë. Tana na erdhën punët pak ma mirë, se kemi qelë, e qelëm tana dy lokale ktu. Njo shitshikpcua, njana apotekë. Tana na erdhën punët pak ma mirë. Po du me thanë qe jemi kanë pak ktu si ma t'mrapambetunë. Baba pa punë, na u duhke more asi qysh me gjallnu. E tana u ba qe, u martu aj, u ba me thmia. Ta fali zoti thmiën, te katër mendo për at thmi. A tu mendu për veti a tu mendu për thmi, e qështu shkoj jeta. Kjo jetë, gjadhetë e katër vjet shkunë qështu qe.

Deutsche Übersetzung

Ich erzähle dir, dass ich das älteste Kind war. Mein Vater war arbeitslos und arbeitete in der Landwirtschaft. Er nahm mich immer mit einem Pferd mit. Als ich etwas älter wurde, hatten wir Mais, Weizen und Wassermelonen. Wir mussten sie mit meinem Vater verkaufen. Mein Vater kaufte und verkaufte auch Kühe. Wir mussten 18km zu Fuß gehen. Mein Vater kaufte mir damals weißes Brot und sagte, es sei „Hasenbrot". Ich war glücklich. Als ich die Grundschule beendet hatte, ging ich auf die weiterführende Schule in Prizren, eine technische Schule. Mein Vater kaufte mir dort ein Paar Schuhe, weil ich noch nie als 15-jähriger Junge Schuhe getragen hatte. Dort beendete ich die weiterführende Schule ... Mit 15 Jahren hat mich mein Vater verheiratet. Ich musste arbeiten, lernen und zur Schule gehen. Nach einiger Zeit habe ich die weiterführende Schule abgeschlossen. Endlich erhielt ich meinen Abschluss. Ich dachte daran, bei der Balkan-Plastikfabrik zu arbeiten. Ich wollte dort arbeiten, aber es hat nicht geklappt. Ich wollte freiwillig als Soldat dienen. Als ich Soldat wurde, erhielt ich die Erlaubnis. Als ich 20 Jahre alt war, begann ich zu arbeiten und es gefiel mir, denn ich hatte mein erstes Gehalt. Danach konnte Xheti zur Schule in Prizren gehen. Dann ging Ismet zur Schule. Dann ging Refkija nach Sarajevo. Dann verbesserten sich die Dinge, dann eröffneten wir zwei Restaurants. Die Wirtschaft stabilisierte sich. Wir waren die Ärmsten in der Stadt. Mein Vater war arbeitslos. Dann bekamen wir Kinder. Dann mussten wir auch an die Kinder denken. So ging mein Leben weiter, 64 Jahre lang.

English translation

I am going to tell you that I was the oldest child. My father didn't work, he worked in agriculture. Since I was young, he always took me with a horse, so he can send the horse to cultivate the land. And afterwards, we started growing a little. And it is good, he saw me like that. Corn, wheat, watermelon these things. I was supposed to wake up early with my father so we can sell things. After that, my father bought cows, so he could send them to sell, and I should have run them here. And I was supposed to walk eighteen kilometers, by foot eighteen kilometers as much as I could. At the time he bought me a piece of bread. He said the normal bread, it was the rabbit's bread. I got excited. A bread like that out of a bakery. After I finished elementary school, I went to high school in Prizren, the technical school. That was the first time they bought me a pair of shoes, because I never wore shoes as fifteen-year-old. Since there I finished high school ... No, I got married, at the age of fifteen and a half years. And I had to study, work, go to school. After I finished high school, after 3 years of the technical high school. And thankfully I graduated, I thought of getting a job, there was the Balkan factory here. A rubber factory. I thought of getting in like that, but it wouldn't work there. I volunteered to join the army. When I joined the army, I got my licence there. As a twenty-year-old I got a job. Then I felt happiness since I had my own money and my own paycheck. Then I started working, we started living. I could send Xheti to school, in Prizren. Then Ismet went to school. Then Refkija went to Sarajevo. Then our life got better, because we opened, we opened two shops here. One of them was a shoe store, the other one was a pharmacy. And our life was much better. I want to say that we have been more backward. My father didn't have a job, so we needed to move somehow. It happened how it happened, he got married, had kids. God gave children, all thought of those four children. Thinking about yourself, thinking about the children, that is how life passed by. This life, sixty-four years of life passed just like that.

Fjalë	Wörter	Words
punë	Arbeit	work
bujqsi	Landwirtschaft	agriculture
me livrue	pflügen	to plow
misër	Mais	corn
kamë	Fuß, Bein	foot, leg
e bardhë	weiß	white
lepër	Hase	hare
furrë	Bäckerei, Ofen	bakery, oven
shkollë fillore	Grundschule	primary school
shkollë e mesme	Mittelschule	high school
nji palë kpuca	ein Paar Schuhe	a pair of shoes
mu diplomu	einen Abschluss machen	to graduate
fabrikë	Fabrik	factory
kismet	Glück	luck
me lypë	suchen	to search
vullnetar	Freiwilliger	volunteer
leje	Erlaubnis	licence
lezet	Vergnügen	pleasure
rrogë	Gehalt	salary
me qelë	öffnen	to open
lokal	Laden	shop
thmi	Kind	child
jetë	Leben	life
qështu	so	like this

13. Traktorunfall

Informationen	
Geschlecht: männlich	**Alter:** 52
Ort: Suhareka	**Thema:** Landwirtschaft, Hausbau

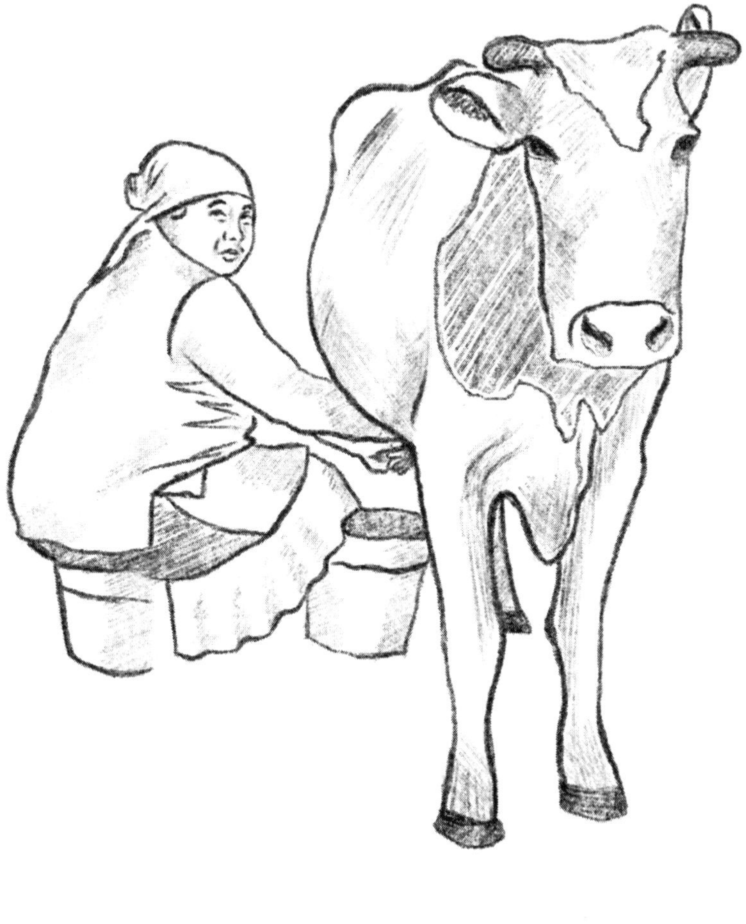

Suhareka

Tregimi shqip
- Pjesa e parë -

Ne kemi punuar përkohësisht ma s'shumti jemi marrë me bujqësi. I kemi ndihmuar babës, jemi katër vllazën. Dhe në riniën time kemi mjellë për shembull bostan ose shalqin, speca, patligjana, kompira, lakna kemi mjellë. Më nji arë ma s'shumti afër Ballkanit. Aty asht edhe lumi. I kemi vaditë kallamoqët qe kemi mjellë. Edhe me qëto kemi jetuar, i kemi shitë kur janë rritë, i kemi shitë lakrat, specat. Kemi shku nëpër fshatra me babën ose me vllaznit. E kemi pasë gjithmonë nji kali me kerr, atëhere traktor s'kemi pasë. Kjo ngjarje që e përshkruaj une asht rreth viteve tetëdhjeta, shtadhetë e pesë deri në tedhetë e pestën ma s'shumti. Kshtu qe të ardhuna tjera shtetërore për me jetu s'kemi pasë, mirëpo krejt jetën e kemi realizue me punën tonë, me djersën tonë në toka, bujqësi ma shkurt. Edhe lopë kemi pasë. Nana i ka mjelë lopët, prej aty qumshtit tamlit ka prodhuar djath ose ka prodhuar për shembull t'lyn me përzi speca. Ma s'shumti kemi hangër speca, voe t'përzhitne. Pula kemi pasë te shpia qe ja ka kqyrë nana shum. Kshtu qe për shembull kur kemi mjellë bostan atje në arat e Shirinit, kemi maruar nji kolybe për mi rue bostanin për shembull mos me vjedhë dikush natën. Nganjiherë kemi fjetë aty natën, edhe me kojshitë për shembull me kojshitë tjerë qe i kan afër aty, miq. Kshtu qe e kemi ru së bashku, mos mi vjedhë natën dikush llubenicat, bostanin. Mirëpo edhe specin e rritur se ato u duken ditën tjetër, mi marrë, mi kputë prej trungut edhe mi dëbu nëpër gajbe, edhe patligjanat për shembull edhe mi çue n'treg, n'pazar mi shitë, për me majt familjen si duhet. Baba kanjiherë ka ble edhe lopë, i ka majt, i ka rritë edhe i ka përforcue pak edhe i ka shitë. Gjat dimrit zakonisht kur s'kishke punë nëpër toka, baba zakonisht ka ble kuval edhe lopë edhe i ka përforcu pak se ato ishin të dobëta. Edhe i ka shitë edhe me fitue diçka pare për familjen. Kshtu qe qështu ka shkuar historiku ynë i shkurt me vllezërit. Edhe e kemi përpunuar si me thanë, bash i thojn edhe te na, e te toka pak. Edhe vneshta kemi pasë, edhe ato kemi punuar shum, edhe rrush kemi shitë kanjiherë, qështu pra.

- Pjesa e dytë -

Ma vonë kur jemi rritë ne si djem, të gjithë së bashku dikura, u duhke me maru shpia për ma vonë. Kshtu qe e kemi vashitë njifar toke në Leshan edhe në drejtim të Rreshtanit. Edhe e kemi maru nji shtëpi ma s'pari me nji dyqan. Aty ma s'pari kemi pasë mall nga Shkupi prej nji firmës për me shitë kpucë, lëkurë e gjithçka. Baci Xhet aty ka fillu ma s'pari punës, po na punojshim nganjiherë, ndihmojshim. Aty kemi maru shpiën e parë ma shkurt. Ndërkohë i kemi maruar tri shpia tjera, fitimin e mirë e kemi pasë me qat dyqanin e ri. Edhe kemi shkuar ndërkohë me marrë zallë apo rërë në qat lumin e Suha-rekës, kur bijke shi shum qe bijke, bijke edhe zallë shum qaj shiu. Edhe shkojshim me traktor, ma vonë kemi pasë ble ma vonë kemi pasë kushte ma t'mira. Kemi pasë ble edhe nji traktor me kolicë. Mirëpo aj traktori nuk ka qenë bash si duhet edhe ka qenë defekt. Edhe e ka pasë shfajcit nji njeri aty afër, mirëpo si duhet ma vonë si do ta tregoj ngjarjen, s'e ka pasë përpunue si duhet at pjesë t'gomës t'madhe. Kshtu qe kur shkumë me vllaznit, me dy vllaznën, afër Ballkanit me njifar urë sot qe asht qe e kan marue zviceranët, aty kemi marrë zallë. Mirëpo tju ngjitë për me dalë prej rekës përjashta, nuk e tërhiqke traktori si duhet kolicën me plot me zallë. Edhe ka rreshqitë edhe ju ka kputë qe ajo rrota qe e ka pasë shfajcirat njeriu tjetër. Edhe me ato tjerët tani e kemi thirrë nji kojshi tonin na me traktorin e tij me na nxjerrë neve. Kur ka ardhë aj te na me na nxjerrë, Dana i thojn atina kojshiut, Ramadani, edhe ju kan la koshnicat apo frejt, kur ti lej traktori frejt kanjiherë aj përpjet tani nuk u qitë menjiherë, nuk frenon menjiherë si duhet. Kshtu qe une mora ni pozicion shum të gabuar edhe pritshna qe aj traktor të vinte poshtë ngadal ngadal edhe me rrokë kolicën edhe me m'nxjerrë përjashta. Mirëpo aj traktor i Danës rreshqiti edhe nuk frenojti si duhet edhe m'shojti mue prej kame. Edhe m'bani shum dam, um ka zanë pisk mes kolicës edhe traktorit mue me kamë. Edhe une kom kajt shum edhe m'ka dhimt shum kama. Edhe qajo ngjarje ka qenë ngjarja ime ma e keqe n'qytetin tim të lindjes. Kshtu qe më kan dërguar tani menjiherë në Prizren mu kqyrë në spital, mos m'u ka thy kama, kocka ... Edhe aty afër Ballkanit ishin edhe punëtorë tjerë qe punojshin përpara, ata e kan alarmu dikan tjetër edhe na kan ardhë, na kan ndihmue edhe na kan nxjerrë. Aty u kry puna. Mirëpo une shum i lënduar. E tani n'shkoll jam kanë atje vitin e parë të gjimnazit diku nja gjashtëmbëdhjetë vjet i kom pasë. Kshtu qe mandej kom pushue prej shkollës nja dy javë m'doket, derisa m'u ka shëruar kama. Kama s'm'u ka pasë thy, shyqyr pi zotit atëhere. Mirëpo njifar sheje m'ka jetë në pjesën e mbrapshme të mishit prej atëherit. Kshtu qe probleme tjera nuk po marr vesh qe m'kan mbetur pasoja prej qësaj ndeshjе t'keqe prej atjehit. Qëky ka qenë domethanë nji historik i vogël negative. E me qat zallë domethanë i kena maru edhe shpia tjera. I kena maru tri shpia tjera, për secilin vlla ka njo. Edhe dyqanin e kena marue në vitet e tetëdheta. Deri domethanë ka viti tedhetë e tetë diku i kena maru gjithsej katër shpia të vogla, dy-katshe. Edhe sot egzistojn vetëm gjithsej tri prej atyre. Njanën e ka prishë vllavi i madh se djemt u kanë rritë ndërkohë edhe i ka marue dy shpia ma t'mdhaja aj, masi që janë nda ata, qështu pra.

Deutsche Übersetzung
- Erster Teil -

Wir haben vorübergehend in der Landwirtschaft gearbeitet. Wir haben unserem Vater geholfen, wir sind vier Brüder. In meiner Jugend haben wir zum Beispiel Wassermelonen, Paprika, Tomaten, Kartoffeln und Weißkohl angebaut. Auf einem Feld in der Nähe der Balkanfabrik. Dort ist auch der Fluss. Wir haben die Maisfelder bewässert, die wir angebaut haben. Und von ihnen haben wir gelebt, wir haben sie verkauft, als sie gewachsen waren, wir haben den Kohl und die Paprika verkauft. Wir sind mit unserem Vater oder unseren Brüdern durch die Dörfer gereist. Wir hatten immer ein Pferd mit einem Wagen, wir hatten damals keinen Traktor. Diese Ereignisse, die ich beschreibe, sind etwa in den Jahren 1975, 1980 bis 1985 passiert. Daher hatten wir kein anderes staatliches Einkommen zum Leben, aber wir haben unser ganzes Leben in der Landwirtschaft gearbeitet. Wir hatten auch Kühe. Unsere Mutter hat sich um die Kühe gekümmert und wir haben aus der Milch Käse hergestellt. Wir haben hauptsächlich Paprika gegessen. Zu Hause hatten wir Hühner. Als wir Wassermelonen angepflanzt haben, haben wir dort ein kleines Haus gebaut, um die Wassermelonen zu lagern, weil die Leute kamen und sie gestohlen haben. Manchmal haben wir dort übernachtet. Wir haben auch die Paprika geerntet und verkauft. Unser Vater hat Kühe gekauft, sie gut gefüttert und dann verkauft, um etwas für die Familie zu verdienen. Das ist unsere Geschichte mit unseren Brüdern. Wir hatten auch Weinberge mit Trauben, wir haben sie bearbeitet und dann verkauft.

- Zweiter Teil -

Später, als wir als Jungen erwachsen wurden, mussten wir gemeinsam ein Haus bauen. Wir haben es in Leshan und in Richtung Rreshtani gesehen. Und wir haben ein Haus und ein Geschäft gebaut. Dort haben wir Dinge zum Verkauf aus Skopje bekommen, darunter Lederschuhe. Onkel Xhet hat dort angefangen zu arbeiten. Dort haben wir unser erstes eigenes Haus fertiggestellt. In der Zwischenzeit hatten wir drei weitere Häuser fertiggestellt, und mit dem Geschäft ging es gut. Wir sind auch gegangen, um Steine und Kies im Fluss in Suhareka zu holen. Wenn es regnete, gab es viel Kies. Wir sind mit dem Traktor hingefahren und haben sie geholt. Wir haben auch einen Traktor mit Anhänger gekauft. Aber dieser Traktor hatte Probleme. Als wir mit den beiden Brüdern in der Nähe der Balkanfabrik an einer Brücke waren, die heute von den Schweizern gebaut wurde, haben wir Steine geholt. Als wir den Fluss verlassen sollten, funktionierte der Traktor nicht richtig. Ein Rad ist abgebrochen. Dann haben wir einen Nachbarn informiert, und er kam und hat uns mit dem Traktor gerettet. Als der Nachbar kam, um uns zu retten, sagte Dana zu ihm: Ramadan, deine Bremsen sind kaputt, denn wenn die Bremsen kaputt sind, bremst der Traktor nicht gut. Also habe ich den Traktor in die falsche Richtung gesteuert und er rutschte abwärts. Aber Danas Traktor rutschte und verletzte mich am Bein. Und es hat mich sehr verletzt. Ich habe viel geweint, weil mein Bein sehr schmerzte. Und dieses Ereignis war das Schlimmste in meiner Heimatstadt. Dann wurden wir sofort ins Krankenhaus nach Prizren geschickt ... In der Nähe der Balkanfabrik waren einige Arbeiter, die Hilfe angefordert hatten. Und sie kamen und retteten uns. Aber ich war schwer verletzt. Zu dieser Zeit war ich ungefähr 16 Jahre alt und ging wegen meines Beins zwei Wochen lang nicht zur Schule. Mein Bein war nicht gebrochen, Gott sei Dank. Nun, ich habe immer noch einen Fleck an der Ferse meines Fußes. Ansonsten habe ich keine anderen Probleme. Das war eine kleine negative Geschichte damals. Mit diesem Stein und Kies haben wir drei weitere Häuser gebaut. Jeder Bruder hat ein eigenes Haus. Und das Geschäft haben wir im Jahr 1980 fertiggestellt. Bis 1988 hatten wir insgesamt vier kleine zweistöckige Häuser fertiggestellt. Heute existieren noch drei dieser Häuser. Eines davon hat mein älterer Bruder abgerissen, während seine Kinder aufgewachsen sind und zwei weitere Häuser gebaut haben.

English translation

- First part -

We worked temporarily, mostly we were engaged in agriculture. We helped our father; we are four brothers. And in my youth, we had milk, for example, or watermelons, peppers, tomatoes, potatoes and lettuce we had seeded. In the fields near the Balkan factory. There is also the river. We watered the corn fields that we were growing. We also lived from them, we sold them when they were grown, we sold cabbages and peppers. We went to the village with my father or my brothers. We always had a horse with a cart, but back then we didn't have a tractor. This event that I am describing happened between the years 1975 and 1985 mostly. So, we didn't have any other state income for the rest of our lives, but we achieved our whole life with our work, with our sweat on the land, agriculture in short. We also had cows. My mother milked the cows, from that milk she produced cheese. We didn't have a lot of peppers left, fried eggs. We had chickens at home that my mother looked out for a lot. So, for example, when we planted watermelons there in the fields of Shirin, we built a hut to store the watermelons, for example, so that no one steals them at night. Sometimes we slept there at night, even with the neighbors, for example, with other neighbors who were close there, friends. So, we protected them together, to stop someone from stealing our watermelons at night. But even the grown peppers because they would appear the next day. I took them, I took them from the trunk, and I drove through the bushes, I also took the tomatoes to the market. I sold them, and I helped my family properly. My dad also bought cows, left them, raised them and strengthened them a little and sold them. During the winter, usually when there was no work in the fields, my father bought horses and cows and strengthened them a little because they were weak. He even sold them and earned something for the family. So, this is how our short history with my brothers went. We also had vineyards with grapes. We worked them and sold them.

- Second part -

Later, when we grew up as boys, all together once, we had to take care of each other for later. So, we have a lot of land in Leshan and in the direction of Rreshtan. We even got a house with a shop. There, we first received goods from Skopje from a company to sell shoes, leather and everything. Uncle Xhet started working there before, we used to work sometimes, we helped. That's where we got the first clue. In the meantime, we built three more houses, we had a good profit with the new store. In the meantime, we went to take clay or sand along the river of Suhareka, when it rained a lot. We used to go with a tractor, later we bought one, and later we had better conditions. We also bought a tractor with a trailer. However, the tractor was not assembled properly and was defective. Even a man nearby had a blade, but I will explain it later, he didn't process that part of the big tire properly. That's why when we went with the brothers, with the two brothers, near the Balkan factory with a kind of bridge today that the Swiss built, there we got sand. However, climbing up to get out of the stream, the tractor didn't pull the trailer full of sand as it should. And the wheel that the other man fixed slipped and caught out. And with the others, we then called a neighbor of ours with his tractor to pull us out. When he came to pull us out of the river, Dana called his neighbor, Ramadan, and the brake didn't work, when the brake lets the tractor, it goes uphill, it doesn't brake right away. So, I took a very wrong position, and I was waiting for that tractor to come down slowly, and the trailer grabbed me and pulled me out. But Dana's tractor skidded and didn't brake properly and touched my leg. It hurt me a lot, my leg got stuck between the trailer and the tractor. And I cried a lot and had pain in my leg. And that was my worst event in my hometown. So, they immediately sent me to Prizren for a check-up at the hospital, if my leg was broken ... And there were other workers who were working in the front, near the Balkan factory, they got the alarm from somewhere else and came, they helped us. The job was done there. But I was very hurt. And then in school, I was in the first year of high school, I was about sixteen years old. Then I took two weeks off from school, until my leg healed. My leg wasn't broken, thank God. However, a mark, a scar, has remained on the back of my leg since then. So, I have no other problems left, the consequences of this bad accident from there. This has been a small negative history. And we have built other houses with sand. We built three more houses, one for each brother. And we built the store in the eighties. Until around the year 1988, we built a total of four small, two-story houses. Even today there are only three of them in total. The older brother tore one down, because his sons grew up in the meantime, and he built two bigger houses, after they separated, so that's it.

Fjalë	Wörter	Words
përkohësisht	vorübergehend	temporarily
me mjellë	anpflanzen	to plant
ma s'shumti	meistens	mostly
ngjarje	Ereignis	event
me përshkru	beschreiben	to describe
djersë	Schweiß	sweat
me mjelë	melken	to milk
qumësht	Milch	milk
tamël	Milch	milk
pulë	Huhn	chicken
me vjedhë	stehlen	to steal
trung	Stamm	trunk
gajbe	Korb	basket
zakonisht	für gewöhnlich	usually
vneshta	Weinberge	vineyards
me maru	bauen	to build
lëkurë	Haut, Leder	skin, leather
ndërkohë	in der Zwischenzeit	in the meantime
fitim	Gewinn	profit
dyqan	Geschäft	shop
zallë, rërë	Sand	sand
urë	Brücke	bridge
me nxjerrë	herausholen	to pull out
me frenu	bremsen	to brake
menjiherë	sofort	immediately
spital	Krankenhaus	hospital

punëtor	Arbeiter	worker
me pushu	sich ausruhen	to rest
me shëru	heilen	to heal
sheje	Spur	mark
ndeshje	Zusammenstoß	collision
gjithsej	insgesamt	in total
me prishë	zerstören	to destroy

14. Hochzeiten im Kosovo

Informationen

Geschlecht: weiblich	**Alter:** 33
Ort: Hajvalia	**Thema:** Hochzeit, Frauen

• Hajvalia

Tregimi shqip

Para do jave kam qenë më nji darsëm. Ajo darsma ka qenë shum e veçantë për mua se ka qenë çifti, aj zviceran vajza shqiptare. Dhe zakonisht une kur i maj ceremoniat dhe janë çifte të ndryshme, m'pytin a ka mundësi nji pjesë me kanë në shqip, nji pjesë me kanë në gjermanisht? Po tani mbasi shumica e musafirëve ma mirë e kupton gjermanishten, shumica e tekstit tem asht gjermanisht. Po mundohna ktu aty do momente të veçanta edhe mi përkthy në gjuhën shqipe. Për shembull kur i përshëndes musafirët, po edhe çdo herë kur jau shkruj ka nji vjershë çdo çiftit, ajo asht në njanën anë gjermanisht edhe në anën tjetër shqip. Edhe gjith bre emocionohen njerzit shum ma ndryshe kur e lexoj pjesën shqip. Besoj qe edhe gjuha jonë ndoshta edhe pse nuk e ka fjalorin shum madhështor, e ka shum të bukur, dhe ato fjalë qe i kemi ato din me t'prekë. Edhe me pak fjalë mundesh me thanë shum. Kshtu qe nuk um çuditë qe çdo here kur e lexoj tani edhe në gjuhën shqipe, të cillën e lexoj ma s'pari, preken njerzit ma shum. Po gjeneralisht darsma ke shum e bukur, nji bashkim shum i sjellshëm, po jo tani edhe emocionalisht siç e njofim, siç e njof unë prej darsmave për shembull që i kemi na në Kosovë. N'at aspektin qe nuk m'prek hala kurrgja n'zemër. Edhe po vazhdon darsmja mas ceremoniës ku i bashkova çiftin në sallën e darsmës. Dhe pe ndëgjoj nji tingull qe prej momentit të parë shum m'ka prekë, ishte tingulli i nji tupanit. Tash paramendo je n'Zvicërr edhe absolutisht nuk ki ide, nuk e njeh kërkan n'at vend përveç çiftit qe veç sa martove, edhe i nin tupanat edhe fillon kangtarja edhe vren qe asht shqiptare edhe po knon valle kosovare. Edhe nisen me qajt, kur hini çifti kjo për dore burrin e vet, ky me mindil t'kuq tu e sjellë dorën dhe po hin mbrena tu kërcu valle dhe hin n'rreth po kcen valle, melodija e valles kosovare edhe tupanat ... Une nuk mujta ma me mbajt veten mbrapa. Edhe shum shkojshin lot pak ardhke marre kesh aty më nji vend, isha aty tu punu n'fakt. Po prapseprap nuk mujta mi nalë edhe ma çoj mallin te shum shum vite ma herët kur i kemi përjetue dhe darsmët në Kosovë qe dallojn shum prej darsmave qysh i përjetojna sot. Për shembull në katunin ku kam kalu kohën ma s'shumti, sa kam qenë e vogël kur shkojshim në Kosovë, asht në Hajvali, nji vend në periferi të Prishtinës. Në Hajvali jetojn familja e mamit, dajt e mi, jemi familje shum e madhe. Tani edhe nji rrugë quhet Ramë Haxholli mbas babgjyshi tem, se aj ka qenë si t'thom ka qenë plaku i katunit. N'at kohë Hajvalia ka qenë katun sot nuk asht ma. Po n'at'kohë e maj men darsmën e parë qe kam përjetu. Ka qenë nji kushëri i mamit i afërt, aj u kanë edhe kojshija jonë po edhe kushëri i familjes. Edhe u patëm mbledhë krejt familja e mamit. Nuk e di sa veta kemi qenë, sigurisht tre-, katërqind. E me aq shpi të vogël ku banojshin njizet persona edhe në at odë qe në at'kohë m'u ka dokë nji menzë e madhe po ka qenë vetëm nji odë e vogël, nji dhomshe. Po edhe kojshijt ton qe ishin familjarët, u shpërnda krejt familja dhe nuk e di disa ditë aty kemi festu, ditë e natë nuk u nalë muzika. Po jo muzikë shqip siç e kemi sot, po në at'kohë nuk ishte e lejume të lshojna muzikë shqip, kshtu qe ngojshim muzikë arabe. Ndoshta nuk i dinim krejt kangët, kan qenë do melodia shum interesant. Une edhe sot njërën melodi e maj mend shum mirë. Dhe çdo here tingëllon në mendje kur e kujtoj qat darsmën. Edhe gzimi ishte gjithkund u ndjejke, krejt familjarët pritshin me marrë nusen. Kemi festu disa ditë para darsmës, kemi kërcy, kemi këndu deri vonë natës. Kërkush nuk pengojke dikan me at harën qe e ndijshim qe po shtohej familja jonë për nji familjar ma shum po shkojm pi marrim nji nuse. Gjith ata krushqe u bam ditën e darsmës, shkumë dhe morëm at nuse, shkumë aty në familjen e saj. Na pritën, edhe siç na pritën kur dulëm prej veturav u ndanën burrat prej grave. Mami jem shum u kanë interesant. Ka qenë hera e parë qe e kom pa mamin tem e veshme si nuse. Edhe pak u mërzita se mendova qe mos po m'ik mami sepse në at kohë edhe bijat e shpisë u veshin n'teshat e tyne, n'dimija qe i kan pasë me jelek. U lyshin, u ndreqshin. Nuk e kisha pa kurrë mamin tem ashtu, na tu rritë në Zvicërr, darsmja e parë. Besoj qe i kom pasë pesë, gjashtë vjet, nji mijë e nanëqind e nanëdhetë e gjashtën besoj qe ka qenë. Domethanë shtatë, tetë vjet i kam pasë. Ose nanëdhetë e pestën, qaty dikun, nejse. Mami si nuse po hec aty me tjerat nuse, mu m'morën kushërinat, dikush për dore, shkumë aty. Une e vetmja e familjes nga Zvicrra, krejt e dishin. Krejt nuset ardhshin me ma dhanë dorën. Domethanë ato veshjen e tyre aq të bukur tradicionale, me dorëza mindilin n'dorë, me krejt paret qe i rrethojshin mindilin. E kapshin dorën tem t'vogël dhe e sjellshin siç e kan adet, përpara, përmas, përpara, teposhtë. Edhe rrijshin shum serioz nuset, atëhere nuk kan keshë si sot, shum serioz. Ma dhan nji llokum, nji gotë ujë. Edhe kemi pritë edhe m'u dukej shum interesant. Pse po mërziten kto familjarët e nuses? Nuk e kuptojsha. Për neve ishte ditë shum e hareshme. I kapëm defat, une tani ma i njofta edhe kangët qe shtatë ditë nuk kisha dëgju gja tjetër, veç kishim knu me def, me knu edhe nusen. Edhe maj mend ajo nusja dul, kcej shum shum bukur, e tani u përshëndet me familjarët e saj. Ajo nuk u vrejke fort, apo qan apo kesh sepse ishte e mblume. Hini në kerr, u kthy, për mu qaq mbaroj kujtimi jem. Po e mbaj men shum moment i gzushëm. Kur disa vite masanej e kuptova at dhimbjen qe e kishim përjetu familjarët e saj, kur filluan kushërinat e mia qe ishin pesë, gjashtë vite ma t'vjetra se une me ardhë n'at moshën ku përdori fjalën. U detyruan edhe pak a shum ta lehtsojm jetën e familjarëve e tyre, mos t'jenë edhe barrë e familjes në at kohë ku askush s'ka pasë mjaft dhe çdo gojë qe e ke ushqy ka qenë e tepërt. Edhe njo nga kusheriat t'mia e fejunë une isha, i kisha nja katërmdhetë, pesëmdhetë vjeç, dhe shkumë në Kosovë me e percjellë. E unë u gzova, darsme për mu ishte e njejt, darsme si kshtu si ashtu njejt, po nuk ishte njejt. Prap në Hajvali po muzikë nuk lishojshin, nuk kishte. Përkundrazi u mërzitshin, kajshin, e për herën e parë e pash at traditë qe nuk e pata njoftë ma herët. Ditën para darsmës, oh po emocionohna kur po m'shkon mendja atje. Edhe u mlodhen krejt vajzat e kojshisë, kejt kojshive, familjarët tona, bijat janë ardhë krejt n'shpi te dajt e mi. Dhe u ulën ren aty, une te mami, edhe po hin kushërina ime me nji shami t'kuqe dhe po fillon me qajt, po me qajt me za, uuu uuu uuu, e përsëritke. Po qajke aq shum qe edhe sot kur po m'kujtohet, pe ndjej dhimbjen qe e ka pasë ajo n'qat moment. Dhimbjen qe n'at kohë ka qenë, e ke lanë familjen tane për nji familje t're. Çdo teshë, çdo rruzë, çdo laps, çdo fletore qe njiherë ka qenë egzistenca jote i ke lanë mbrapa. S'ke marrë me veti kurrgja. Nji dhomë e ka pasë ku familja e burrit. Ja ka dërgu teshat e reja, na me javë e me muj ma herët kishim përgaditë qejzin për familjen e re, ku kushërinja do shkonte. E une nuk e disha qe ajo len mbrapa gjithçka, nuk merr me veti kurrgja hiç. Po ajo apetseapet përballohet. Po mos dija kur po kthehesh, kur e shef familjen tane prap, kur ki me kapë për qafe nanën, babën ose vllaun. Pastaj je nuse, do çohesh në kamë çdo herë kur hi dikush në dhomë. Do jesh personi qe përkujdeset për t'gjithat. E ki nji rol t'ri në familjen e re. Nuk je ma çika qe e run nana, tani je gruja e dikuj. Je robi – nji fjalë qe nuk e përdori me shum qejf – po je robi i nji familjes t're. Dhe ajo qajti e qajti e qajti derisa qajtëm t'gjithë. Edhe i shikojsha ftyrat e atyne bijave qe ishin martuar qe tridhetë vjet qe katërdhetë vjet, qe qajshin edhe përkujtojshin momentin kur ato e kan lishu në at mënyrë familjen e tyne. Më nji kohë qe as s'e kan ditë me kan po martohen. Ku asht ajo familje? Si do të pritën? Çfarë burri do kesh? Nuk ke ditë çfarë jete të prit. Dhe askush nuk ka mujt me t'dhanë përkrahje në at moment qe je futë në veturë, je nisë për me shku te burri. E ke ditë qe prej sodit e andej je vetëm. Ki fat e ki nji burrë t'mirë, e ki nji bashkshort. Je pa fat, e ki tan jetën nji rojtar i burgit. E fatkeqësisht edhe qato e pajsha edhe në ftyrat e aq shum grave qe pajsha aty ulën, për shum femna n'kulturën tonë shpeshherë jeta ka qenë nji burg. E ndoshta vetëm në ato katër mure të dhomës të saj ajo ka qenë pak e lirë. Dhe u thojshin vajzave kur t'hin herën e parë te burri, i thuaj: Uk hinç, kingj dalç. Në at aspektin qe noshta kur hin në dhomë te une je ujk, je i egër, je nervoz prej jetës, je i ngarkumë me gjithçka. Po ndoshta une muj me dashurinë time me t'zbutë qe kur dilsh, t'delç si kingj. Po ka shum ksi fjalë qe ju kan thanë nuseve kur janë shku te burri: Fundit e barkut e fundin e arkës mos ja trego kurrë. Domethanë fundin e barkut çfarë ndjenja ke. Dhe fundin e arkës, arka ka qenë, asht nji vend ku i lajn mblojset, teshat, gjithçka qe asht e nji gruas, aty. Dhe fundin e arkës çka mshef mas përfundit, përfundit gjithave seneve, ato mos ja trego kurrë. Domethanë prej para qe fillon ajo lidhje shpeshherë e ke pasë ndjenjen burrit me ju tutë, ndoshta asht ujk, burrit me ju shefë, mos me i tregu gjithçka, se mundesh me e emocionu, mundesh me e ba nervoz, mundesh me nxjerrë pej konceptit. Kshtu qe ti si nuse e ki ditë shum mirë cillat janë detyrat e tua. Edhe ato i pajsha t'gjithat në ato ftyrat e grave qe ishin ulur aty qe i jepshin tani kto kshilla nuses të re e cila vazhdojke edhe qante. E dikur u lodhëm, pinim çaj, qajtëm, tregojshin femnat siç ka qenë dita e tyre kur kan shku te burri. Do janë shku verës, do janë shku dimrit, do e kan gjetë kshtu, do e kan gjetë ashtu. E do tu keshë, e do tu kajt, e do janë kthy, e do s'jan kthy. Do kan lanë motra, e do kan lanë vlla, e do kan lanë nanë e do s'i kan pa ma. Se n'at kohën kur ke qenë bjeshkë derisa ka ardh lajmi te ti qe ka ndodhë diçka në familje aj njeriu u shku, edhe nuk e ke pritë. Kshtu qe kan qenë momente t'vështira për ato gratë qe i pajsha unë. Edhe qe me kaq dhimbje tregojshin për jetën qe ishin martuar. Dhe unë i shikojsha e thojsha, nuk e kuptoj pse para do viteve aq shum u gzojshim me marrë nji nuse e tani gjitha ato qeshje qe e banëm pe lajnim me lot. Dhe përfundoj ajo mbramja, erdhi dita tjetër, u çumë, u veshëm me pritë musafirët, me pritë krushqit. Nusja u vesh, u ndreq, u ly, mundojke mos me qajt. Për kët arsye bahet dita ma herët, mi qitë krejt lot e mos me pasë ma lot, kur t'vjen me t'marrë burri. Po prapseprap asht e pamundshme besoj edhe deri sot besoj qe dhimbja e përjetuar në gjeneratat e fundit nuk zhduk me vdekjen e tyne. Po si trashigim vazhdon të jetë pjesë e identitetit tonë. Kshtu qe sot kur mërzitna se shoh nji nuse tu shku te burri edhe pse shkon me vullnet, e ka zgjedhë vet, e din çfarë jete prit. Edhe me gjitha t'mirat une qaj për krejt ato femra para saj qe nuk e kan pasë at fat. At dhimbje besoj qe e mbajm me veti. Edhe erdhi momenti kur erdhen krushqit e gjujn me pushkë. Sikur n'at kangën e Sabri Fejzullahut, kur erdhen krushqit nga nji qytet tjetër dhe shpallen nji pushkë në stilin e vjetër dhe ashtu edhe ashtu. Po vrehet qe kjo pjesë e marrjes të nuses asht pjesë e kulturës tonë. Dhe unë e disha qe si shum çika në at kohë edhe ajo kishte qenë në shkollë, kishte pasë simpatia, edhe i shikojsha t'gjitha ata djemt në anën tjetër qe shikojshin tek nusja dhe mendojsha a asht edhe njo nga kta nji simpati e vjetër qe e ka paramendu jetën ta kaloj me ta, e tani e sheh qysh shkon te nji burrë tjetër. Apo ajo a i sheh në maj të syve tu nejt pa lut, siç e ka pasë stili pa mimik, me kryt e ult. A i ka pa at njerin qe ndoshta ajo e ka dashtë dhe qe e ka ditë. Kurrë ma sun e shoh, kurrë ma s'kam me kanë me ta. Po shkoj te nji tjetër burrë. Vrehet qe kjo traditë, sa e bukur qe asht sot, asht e lidhne me aq shum dhimbje. Ka kaq shum kangë qe e spjegojn kët ndjenja. Edhe nja qe e ka Sabri Fejzullahu qe asht ‚Fshatarja ime' qe këndon: Bëja be qe s'do të qaj po kur ndesha, nuk e di qysh asht ajo fjala, mua m'lagtë loti i saj. Sikur aj qysh e ka përmallu ato dhe ajo kton, po jeta atëherë ka vendosë ndryshe. Dhe une i pash krushqit, erdhën, gjujtën me pushkë, e morën nusen dhe ne metëm tu qajt. E unë veç e ndijsha n'vesh at kangën qe e knojshin me def ato vajzat, qe thojshin: Oj lujlije, oj lujlije pllumbi i bardhë, a të tha nana udha e mbarë. Besoj qe ajo, aj kujtim për mua e ka shpallë se sa ndryshe ka qenë jeta t'rritesh në kulturën tonë si vajzë apo si djalë. Për mu gjithmonë e kam ditë qe edhe pse i du t'gjitha traditat tona, për kto tradita shpeshherë femrat janë sakrifiku. Shyqyr qe ka ardhë nji kohë qe sot festojna darsmën me hare, po prapseprap edhe sot e vrejm mas gjith atyne viteve qe kan kalu edhe gjith at bukurin qe e shoh sot kur shkojmi me marrë nji nuse, gjith at hare në at moment kur ja çon nana shamin e kuqe dhe e puth vajzën e vet, mua çdo herë um thehet zemra. Besoj qe qat dhimbje ndoshta edhe shum gjenerata kena me mbajt me veten. Po kto e kan traditat, do kujtime t'mira, do kujtime t'randa.

Deutsche Übersetzung

Vor ein paar Wochen war ich auf einer Hochzeit. Diese Hochzeit war für mich sehr besonders, denn das Paar war ein Schweizer und eine Albanerin. Und normalerweise, wenn ich die Zeremonien durchführe und es verschiedene Paare gibt, fragen sie mich, ob ein Teil auf Albanisch und ein Teil auf Deutsch sein kann. Aber jetzt, da die meisten Gäste Deutsch verstehen, ist der größte Teil meines Textes auf Deutsch. Aber ich versuche hier ein paar besondere Momente zu übersetzen, damit sie in der albanischen Sprache bleiben. Zum Beispiel, wenn ich die Gäste begrüße oder jedes Mal, wenn ich einem Paar einen Text schreibe, ist er einerseits auf Deutsch und andererseits auf Albanisch. Die Menschen sind immer sehr berührt, es ist anders, wenn ich den albanischen Teil vorlese. Ich glaube, dass unsere Sprache vielleicht nicht den größten Wortschatz hat, aber sie ist sehr schön, und die Worte, die wir haben, können die Menschen tief im Herzen berühren. Mit wenigen Worten kann man viel sagen. Deshalb überrascht es mich nicht, dass die Menschen jedes Mal, wenn ich es jetzt auch auf Albanisch lese, besonders berührt sind, was ich zuerst lese. Aber die Hochzeit war sehr schön, eine wunderschöne Vereinigung. Und die Hochzeit geht weiter, nach der Zeremonie, bei der ich das Paar in den Hochzeitssaal geführt habe. Und ich höre einen Klang, der mich seit dem ersten Moment sehr berührt hat, es war der

Klang eines Tupans. Jetzt stell dir vor, du bist in der Schweiz und hast absolut keine Ahnung, du kennst niemanden in diesem Land außer dem Paar, das du gerade geheiratet hast, und du hörst die Tupana und die Sängerin fängt an zu singen und es scheint, dass sie Albanerin ist und sie singt ‚Valle kosovare'. Und alle fangen an zu weinen, wenn das Paar hereinkommt, die Braut, die ihren Mann in Rot gekleidet an der Hand hält und hereinkommt, während sie tanzt und in den Kreis tanzt, die Melodie des kosovarischen Tanzes und die Trommeln ... Ich konnte nicht anders. Ich fing an zu weinen, obwohl ich dort tatsächlich am Arbeiten war. Wie auch immer, ich konnte meine Tränen nicht zurückhalten und ich erinnere mich an die Hochzeiten im Kosovo, die sich sehr von den heutigen Hochzeiten unterscheiden. Im Dorf, in dem ich aufgewachsen bin, wenn wir als Kinder in den Kosovo gingen, war es in Hajvali, einem Vorort von Prishtina. In Hajvali lebten die Familie meiner Mutter, meine Onkel, wir waren eine große Familie. Jetzt gibt es sogar eine Straße namens Ramë Haxholli nach meinem Großvater, weil er einer der Dorfältesten war. Zu dieser Zeit war Hajvali ein Dorf, heute ist es keins mehr. Aber ich erinnere mich an die erste Hochzeit, die ich erlebt habe. Es war ein enger Cousin meiner Mutter, er war auch unser Nachbar und ein Cousin der Familie. Die ganze Familie meiner Mutter versammelte sich. Ich weiß nicht, wie viele Leute wir waren, sicherlich 300 oder 400 Personen. Und mit so einem kleinen Haus, in dem 20 Personen lebten, und an diesem Tisch, der damals wie ein großes Haus war, aber eigentlich nur ein kleines

Zimmer war. Und auch unsere Nachbarn, die mit uns verwandt waren, die ganze Familie wurde verteilt und ich weiß nicht, wie viele Tage wir dort gefeiert haben, Tag und Nacht hörte die Musik nicht auf. Aber nein, wir hatten keine albanische Musik wie heute, es war nicht erlaubt, albanische Musik zu spielen, also spielten wir arabische Musik. Vielleicht kannten wir nicht alle Lieder, es gab einige sehr interessante Melodien. Eine Melodie erinnere ich mir noch heute sehr gut. Und jedes Mal, wenn ich an diese Hochzeit denke, erklingt sie in meinem Kopf. Die Freude war überall spürbar, man fühlte sie, die ganze Familie erwartete die Braut. Wir haben einige Tage vor der Hochzeit gefeiert, wir haben getanzt, wir haben bis spät in die Nacht gesungen. Alle Paten sind am Tag der Hochzeit gekommen, wir sind hingegangen und haben die Braut abgeholt, wir sind zu ihrer Familie gegangen. Sie empfingen uns und als wir aus den Autos stiegen, trennten sich die Männer von den Frauen. Meine Mutter war sehr interessant. Es war das erste Mal, dass ich meine Mutter so gekleidet als Braut gesehen habe. Ich war ein wenig traurig, weil ich dachte, meine Mutter könnte gehen, denn zu dieser Zeit zogen auch die Töchter des Hauses ihre eigenen Kleider an. Wir haben uns herausgeputzt, uns geschmückt. Ich hatte meine Mutter noch nie so gesehen, wir sind in der Schweiz aufgewachsen, die erste Hochzeit. Ich denke, ich war fünf oder sechs Jahre alt, es war wahrscheinlich im Jahr 1996. Das bedeutet, ich war sieben oder acht Jahre alt. Meine Mutter ging als Braut dorthin mit den anderen Bräuten, meine Cousinen nahmen mich bei der Hand, jemand nahm mich für die Braut. Ich war die einzige aus der Familie aus der Schweiz, sie wussten alle Bescheid. Alle Bräute kamen, um mir die Hand zu geben. Das heißt, sie trugen ihre wunderschöne traditionelle Kleidung, mit Handschuhen und einem Schal in der Hand, mit all dem Geld, das den Schal umgab. Sie griffen nach meiner kleinen Hand und brachten sie wie es Brauch war, nach vorne, nach hinten, nach vorne, nach unten. Die Bräute waren sehr ernst, damals hatten sie nicht diese Frisuren wie heute, sehr ernsthaft. Sie gaben mir ein Lokum, ein Glas Wasser. Wir haben gewartet und es schien mir sehr interessant. Warum sind die Familien der Braut so verärgert? Ich habe es nicht verstanden. Für uns war es ein sehr fröhlicher Tag. Wir haben die Trommeln genommen, ich kannte nun die Lieder, die ich sieben Tage lang nicht gehört hatte, wir haben mit den Trommeln gespielt und die Braut begleitet. Und ich erinnere mich, wie die Braut herauskam, sie tanzte sehr schön, und dann begrüßte sie ihre Familienangehörigen. Sie schien nicht sehr aufgeregt zu sein, sie weinte nicht oder so, weil sie voller Freude war. Sie ging in den Kreis, sie drehte sich um, für mich endet dort meine Erinnerung. Aber ich halte diesen Moment in bester Erinnerung. Einige Jahre später verstand ich den Schmerz, den ihre Familienangehörigen erlebt hatten, als meine Cousins kamen, die fünf, sechs Jahre älter waren als ich, in dem Alter, in dem man das Wort benutzt. Sie mussten sich ein wenig Mühe geben, das Leben ihrer Familien zu erleichtern, damit sie nicht zu einer Belastung für die Familie wurden, zu einer Zeit, in der niemand genug hatte und jeder Mund, den man füttert, zu viel war. Und eine meiner Cousinen heiratete, ich war vierzehn, fünfzehn Jahre alt und ging nach Kosovo, um sie zu begleiten. Und ich war glücklich, für mich war die Hochzeit gleich, eine Hochzeit ist so oder so gleich, aber sie war nicht gleich. Wieder in Hajvali gab es keine Musik, es gab keine. Im Gegenteil, sie waren verärgert, sie schimpften, und zum ersten Mal sah ich diese Tradition, von der ich früher nichts wusste. Am Tag vor der Hochzeit, oh ja, ich werde emotional, wenn ich daran denke. Und alle Mädchen der Nachbarschaft, alle Nachbarsmädchen, unsere Verwandten, die Töchter, kamen alle zu meinem Onkel nach Hause. Und wir setzten uns dort hin, meine Mutter und ich, und meine Cousine kam mit einem roten Schal und fing an zu weinen, zu weinen mit einer Stimme, uuu uuu uuu, immer wieder. Sie weinte so sehr, dass ich heute noch den Schmerz spüre, den sie in diesem Moment hatte. Den Schmerz, den sie damals hatte, als sie unsere Familie für eine andere Familie verlassen hat. Jedes Kleid, jeder Schuh, jeder Stift, jedes Heft, das einst deine Existenz war, hast du hinter dir gelassen. Du hast nichts mitgenommen. Ein Zimmer hatte sie, die Familie ihres Mannes. Sie hat ihre eigenen Sachen geschickt, wir hatten bereits Wochen und Monate im Voraus das Hochzeitsessen für die neue Familie vorbereitet, zu der meine Cousine gehen würde. Ich wusste nicht, dass sie alles zurücklässt, sie nimmt nichts mit, absolut nichts. Aber sie kommt damit klar, wie auch immer. Aber ich wusste nicht, wann du zurückkommen würdest, wenn du unsere Familie wiedersehen würdest, wenn du deine Mutter, deinen Vater oder deinen

Bruder umarmen würdest. Dann bist du die Braut, du wirst jedes Mal beschämt sein, wenn jemand in den Raum kommt. Du wirst diejenige sein, die sich um alles kümmert. Du hast eine neue Rolle in der neuen Familie. Du bist nicht mehr das kleine Mädchen, das deine Mutter beschützt, jetzt bist du die Frau von jemandem. Du bist der Diener – ein Wort, das du nicht besonders magst – aber du bist der Diener einer Familie. Und sie weinte und weinte, bis wir alle weinten. Und ich sah die Gesichter dieser Mädchen, die seit dreißig oder vierzig Jahren verheiratet waren, die weinten und sich an den Moment erinnerten, als sie ihre Familien auf diese Weise verlassen hatten. Für eine Weile wussten sie nicht, dass sie heiraten würden. Wo ist diese Familie? Wie werden sie empfangen? Welchen Ehemann wirst du haben? Du hast keine Ahnung, was dich erwartet. Und niemand konnte dir in diesem Moment Unterstützung geben, wenn du ins Auto stiegst und dich auf den Weg zu deinem Ehemann machst. Du weißt seit heute, dass du alleine bist. Du hast Glück und einen guten Mann. Du bist unglücklich und hast dein ganzes Leben lang einen Gefängniswärter. Und leider habe ich auch sie gesehen und das Leid in den Gesichtern so vieler Frauen, die dort saßen, für viele Frauen in unserer Kultur war das Leben oft ein Gefängnis. Und vielleicht war sie nur in diesen vier Wänden ihres Zimmers ein wenig frei. Und den Mädchen wurde gesagt, wenn du das erste Mal zu deinem Ehemann gehst, sag: Komm rein wie ein Wolf, geh raus wie ein Löwe. In diesem Aspekt bist du vielleicht ein Wolf, du bist wild, du bist nervös vom Leben, du bist mit allem belastet. Aber vielleicht kann ich dich mit meiner Liebe sanfter machen, wenn du herauskommst, dass du wie ein Löwe herauskommst. Ja, es gibt viele Worte, die den Bräuten gesagt wurden, wenn sie zum Ehemann gingen: Zeige ihm niemals den Boden des Bauches und den Boden der Schachtel. Ich meine tief in deinem Magen, was für Gefühle hast du? Und der Boden der Kiste, das war früher die Kiste, das ist ein Ort, wo wir Kleidung, Decken, alles, was einer Frau gehört, ablegen. Und am Ende der Box: Sag es ihm niemals. Das bedeutet, von Anfang an, wenn diese Beziehung beginnt, hatten viele Frauen Angst vor ihrem Mann, vielleicht ist er ein Wolf, verstecke dich vor ihm, zeige ihm nicht alles, denn es könnte ihn emotional machen, er könnte nervös werden. Also als Braut hast du sehr gut verstanden, was deine Aufgaben sind. Und ich habe sie auch in all den Gesichtern der Frauen gesehen, die dort saßen und jetzt diese Ratschläge einer jungen Braut geben, die immer noch weinte. Und wir waren einst müde, wir tranken Tee, weinten, die Frauen erzählten, wie ihr Tag war, als sie zu ihrem Ehemann gingen. Einige gingen im Sommer, einige gingen im Winter, einige fanden es so heraus, einige fanden es so heraus. Und einige lachten, einige weinten, einige sind zurückgekehrt, einige sind nicht zurückgekehrt. Einige haben Schwestern hinterlassen, einige haben Brüder hinterlassen, einige haben Mütter hinterlassen und haben sie nicht wiedergesehen. Oder sieht sie ihn mit starren Augen sitzen, ohne Mimik, den Kopf gesenkt? Hat sie jemals den Mann gesehen, den sie vielleicht geliebt hat und den sie kannte? Sie wird ihn nie wieder sehen, ich werde nie wieder mit ihm sein. Ich gehe zu einem anderen Mann. Es fällt auf, dass diese Tradition, so schön sie heute auch ist, mit so viel Schmerz verbunden ist. Es gibt so viele Lieder, die dieses Gefühl beschreiben. Es gibt auch eines von Sabri Fejzullahu mit dem Titel ‚Fshatarja ime', das geht: Ich schwöre, ich werde nicht weinen, aber wenn ich wollte, ich weiß nicht, wie dieses Wort ist, ihre Tränen benetzen mich. Als ob er verflucht ist, aber das Leben hat damals anders entschieden. Und ich sah meine Freunde, sie kamen, sie schossen mit Gewehren, sie nahmen die Braut und wir blieben weinend zurück. Und ich hörte nur noch dieses Lied in meinen Ohren, das wir Mädchen sangen, das sagte: Oh Blume, oh Blume, weiße Kugel, hat dich deine Mutter auf den richtigen Weg gebracht? Ich glaube, dass diese Erinnerung an mich verkündet hat, wie anders das Aufwachsen in unserer Kultur als Mädchen oder Junge war. Für mich habe ich immer gewusst, dass obwohl ich all unsere Traditionen liebe, Frauen oft geopfert wurden für diese Traditionen. Zum Glück gibt es jetzt eine Zeit, in der wir Hochzeiten fröhlich feiern, aber dennoch bemerke ich auch heute noch nach all den vergangenen Jahren und all der Schönheit, die ich heute sehe, wenn wir eine Braut holen, all diese Freude in dem Moment, wenn die Mutter das rote Tuch überreicht und ihre Tochter küsst, mein Herz bricht jedes Mal. Ich glaube, dieser Schmerz hat vielleicht auch viele Generationen an Erinnerungen bewahrt. Aber das sind die Traditionen, diese guten Erinnerungen, diese schweren Erinnerungen.

English translation

A few weeks ago, I was at a wedding. That wedding was very special for me because it was a couple, he was Swiss, the girl was Albanian. And usually when I hold the ceremonies and there are different couples, they ask me if it is possible to have a part in Albanian and a part in German. But then, since most guests understand German better, most of my text was in German. I'm trying to translate some special moments here and there into Albanian. For example, when I greet the guests, but also every time when I write a poem to each couple, one part is in German and the other in Albanian. And everyone gets excited when I read the Albanian part. I believe that maybe even our language, even though it doesn't have a very large vocabulary, it has a very beautiful one, and the words we have, they are more touching. And in a few words, you can tell a lot. So, it doesn't surprise me that every time I read it now even in the Albanian language, which I read first, people are touched the most. But in general, the wedding was very beautiful, a very polite union, but not emotionally as we know it, as I know it from weddings, for example as we have them in Kosovo. In the aspect that nothing touches my heart yet. And the wedding continues after the ceremony where I join the couple in the wedding hall. And I hear a sound that touched me from the first moment, it was the sound of a drum. Now imagine you're in

Switzerland and you have absolutely no idea, you don't know anyone in that country, except the couple who just got married, and you hear the drums, and the Albanian singer starts singing 'Valle kosovare'. And they started to cry, when they entered, this couple, she holding hands with her husband, with a red handkerchief in his hand, and they enter dancing, the melody of the Kosovar dance and the drums ... I couldn't help myself then. And there were a lot of tears, I was a little ashamed, I was there in a place, I was actually there to work. But still I couldn't stop it and it reminded me many years ago, when we experienced the weddings in Kosovo, which are very different from the weddings we experience today. For example, in the village where I spent the most time when I was little, when we used to go to Kosovo, it is in Hajvali, a place on the outskirts of Prishtina. My mother's family, my uncles live in Hajvali, we are a very big family. Now a street is called Ramë Haxholli like my grandfather, because he was, as I say, one of the oldest men of the village. At that time, Hajvali was a village, today it is not. But at that time, I remember the first wedding I experienced. It was a close cousin of my mother, he was also our neighbor, but also a cousin of the family. And we gathered all my mother's family. I don't know how many people we were, certainly three or four hundred. And with such a small house where twenty people lived, and in that chamber at that time it seemed like a big canteen to me, but it was only a small chamber, a room. But even our neighbors, who were family members, the whole family dispersed, and I don't know, we celebrated there for a few days, the music didn't stop day and night. But not Albanian music like we have today, because at that time it was not allowed to play Albanian music, so we listened to Arabic music. Maybe we didn't know all the songs, there were some very interesting melodies. Even today, I remember one melody very well. And it rings in my mind every time I remember that wedding. Joy was everywhere, you could feel it, all the family members were waiting to take the bride. We celebrated a few days before the wedding, we danced, we sang until late at night. No one was stopping anyone, we were happy to know that our family was growing with one more family member, we are going to get a bride. All those guests on the wedding day, we went and took the bride, we went there to her family. They welcomed us, and as they welcomed us when we got out of the cars, the men were separated from the women. My mom was very interesting. It was the first time I saw my mother dressed as a bride. And I was a little upset because I thought that mom will leave, because at that time even the daughters of the house wore their own clothes, in dimija they had vests. They put on make-up, they got dressed. I had never seen my mom like that, we grew up in Switzerland, the first wedding. I believe I was five, six years old. I believe it was in 1996. I mean, I was seven, eight years old. My mother as a bride is walking there with the other brides, my cousins took me, someone by the hand, we went there. I was the only one in the family from Switzerland, they all knew. All the brides came to take my hand. They mean their beautiful traditional dress, with gloves, the handkerchief in hand, with all the money that surrounded the handkerchief. They took my little hand and brought it as usual, forward, back, forward, downward. And the brides were very serious, then they didn't laugh like today, very serious. He gives me a lokum, a glass of water. And we waited and it seemed very interesting. Why are these bride's family members upset? I didn't understand. It was a very happy day for us. We took the tambourines, I now informed them and the songs that for seven days I had not heard anything else, except that we sang with tambourines. And I remember when the bride came out, danced very beautifully, and now said goodbye to her family members. She didn't look at them much, or cried or laughed, because she was covered. She got into the car, came back, that's all I can remember. But I remember a very happy moment. When a few years later I understood the pain that her family members had experienced, when my cousins, who were five or six years older than me, started to come to the age where she was. They were forced, and more or less to ease the lives of their family members, so that they would not be a burden on the family at that time, when no one had enough, and every mouth you fed was too much. And one of my cousins got engaged, I was, I was about fourteen, fifteen years old, and we went to Kosovo. I was happy, it was the same wedding for me, the same wedding, but it was not the same. Back in Hajvali, but they didn't play music. On the contrary, they were upset, they cried, and for the first time I saw that tradition, which I had not known before. The day before the wedding, oh how excited I was when I thought about it. And all the girls of the neighborhood gathered, the neighbors here, our family members, the daughters have all come to my uncle's house. And they sat down there, me at my mother, and my cousin comes in with a red scarf and starts crying, but crying loudly, uuu uuu uuu, repeating it. She cried so much that even today when I remember, I feel the pain she had at that moment. The pain that was at that time, she left the family for a new family. All clothes, every bead, every pencil, every notebook that was once your existence, you left behind. You didn't take anything with you. She had a room at her husband's family. She sent the new clothes, we had weeks and months, earlier we had prepared the dowry for the new family, where our cousin would go. And I didn't know that she leaves everything behind, takes nothing with her. But she still copes. You didn't know when you come back, when you see your family again, when you hug your mother, father or brother. Then you are a bride, you will wake up on your feet every time someone enters the room. You will be the person who takes care of everything. You have a new role in the new family. You're not the girl who keeps your mother, now you're someone's wife. You are a slave – a word I didn't use very willingly – but you are a slave of a new family. And she cried and cried and cried until we all cried. And I looked at their faces, the girls who had been married for thirty years, forty years, who were crying and remembering the moment when they left their family in that way. At a time when they didn't even know where they were getting married. Where is that family? How would they await her? What husband will you have? You didn't know what kind of life was waiting for you. And no one was able to give you support at that moment when you got into the car and started to go to your husband. You knew that from today you are alone. You are lucky, you have a good husband. You're unlucky, you have a prison guard all your life. And unfortunately, I also saw that in the faces of so many women sitting there, for many women in our culture, life has often been a prison. And maybe only in those four walls of her room she was a little free. And they used to tell the girls when they enter the man's house for the first time, tell them: A wolf enters, a lamb exits. In the aspect that maybe when you enter my room you are a wolf, you are wild, you are nervous about life, you are burdened with everything. But maybe with my gentlest love when it comes out, it comes out like a lamb. But there are many such words that were said to brides when they went to the husband: Never show the bottom of the belly and the bottom of the chest. I mean the bottom of your stomach, what feelings do you have. And the bottom of the box, the box used to be, is a place where you leave the blankets, the clothes, everything that belongs to a woman, there. And the end of the box, what is hidden behind the end, the end of all things, never show them. I mean, from before that relationship started, you often had the feeling that you will be afraid of your husband, maybe he is a wolf, you are hiding from your husband, don't tell him everything, because you can make him emotional, you can make him nervous, you can take him out the concept. So, you, as a bride, knew very well what your duties are. And I could see them all in the faces of the women who were sitting there now giving this advice to the young bride who continued to cry. And once we were tired, we drank tea, we cried, the women told us how their day was when they went to their husband. Some went in the summer, some went in the winter, some found it this way, some found it that way. And some laughing, and some crying, and some returned, and some didn't return. Some left sisters, some left brothers, some left their mothers, and some never saw them again. Because at that time when you were in the mountains until the news came to you that something happened in the family, that man left, and you didn't expect him. So, there were difficult moments for those women I saw. And I looked to them and said, I don't understand why a few years ago we were so happy to get a bride and now all those laughs we made were washed away with tears. And that night ended, the next day came, we woke up, we got dressed in anticipation of guests, in anticipation of the wedding party. The bride got dressed, fixed herself, did her make-up, tried not to cry. For this reason, the day is done early, I shed all my tears so that we don't have tears anymore, when your husband comes to pick you up. But still it is impossible, I believe even today that the pain experienced in the last generations didn't disappear with your death. But as a heritage it continues to be part of our identity. So today, when I get upset because I see a bride going to her husband, even though she goes willingly, she chose him, I know what life awaits her. And with all the good things, I cry for all those women before her, who didn't have that luck. I believe that I carry that pain with me. And the moment came when the wedding parties started, and they shot with a rifle. Like in that song by Sabri Fejzullahu, when the wedding parties come from another city and announce a rifle in the old style and so on. But it can be seen that this part of taking the bride is part of our culture. And I knew that like many girls at that time and she had been at school, had a crush, and I looked at all those boys on the other side who looked at the bride and I thought if one of them was an old crush that planned to spend life with her, and now you see her going to another man. Or does she see them at the top of her eyes, standing without begging her, as she had the expressionless style, with his head down. Has she seen the man that she probably loved and knew. She never saw him; she never was with him. Though she went to another man. It can be seen that this tradition, as beautiful as it is today, is associated with so much pain. There are so many songs that explain this feeling. And one song by Sabri Fejzullahu called 'Fshatarja ime' where he sings: Swear that you won't cry but when I wanted to, I don't know what that word is, I was wet with her tears. As if he longed for them and she has this, but then life decided otherwise. And I saw the wedding parties, they came, shot with rifles, took the bride and we were left crying. And I could only hear in my ears that song that those girls used to sing, who said: Oh flower, oh flower, white pigeon, did your mother say good luck. I believe that she, that memory told me how different life was to grow up in our culture as a girl or as a boy. For me, I have always known that even though I love all our traditions, women are often the sacrifice for these traditions. Thank God a time has come that today we celebrate the wedding with joy, but still today, after all those years that have passed, all the beauty that I see today when we go to pick up a bride, all that joy, at that moment when the mother sends the red scarf and kisses to her daughter, my heart breaks every time. I believe that perhaps many generations carried that pain with them. But this is what traditions have, some good memories, some bad memories.

Fjalë	Wörter	Words
darsëm	Hochzeit	wedding
e veçantë	besonders	special
çift	Paar	couple
musafir	Gast	guest
me përkthy	übersetzen	to translate
bashkim	Verbindung	union
tingull	Laut	sound
kangtare	Sängerin	singer
me knu	singen	to sing
me qajt	weinen	to cry
valle	Tanz	dance
lot	Träne	tear
prapseprap	allerdings	however
katun	Dorf	village
babgjysh	Großvater	grandfather
me majt men	erinnern	to remember
me festu	feiern	to celebrate
me ngu	singen	to sing
kangë	Lied	song
gjithkund	überall	everywhere
nuse	Braut	bride
veturë	Wagen	car
bijë	Tochter	daughter
jelek	Weste	vest
mu rritë	aufwachsen	to grow up
veshje	Kleidung	clothing
mindil	Tuch	cloth

adet	Brauch	custom
dhimbje	Schmerz	pain
barrë	Last	burden
shami	Schal	scarf
femën	Frau	woman
burg	Gefängnis	prison
ndjenje	Gefühl	feeling
kshillë	Rat	advice
trashigim	Erbe	heritage
vullnet	Wille	will
pushkë	Gewehr	rifle
me dashtë	lieben	to love
traditë	Tradition	tradition
vesh	Ohr	ear
me sakrifiku	opfern	to sacrifice
me puthë	küssen	to kiss
me thy	brechen	to break
zemër	Herz	heart
gjeneratë	Generation	generation
kujtim	Erinnerung	memory
i randë	schwer	heavy

15. Downloadlink

Mit dem folgenden Link können alle Erzählungen als Audiodateien heruntergeladen werden. Insgesamt beträgt die Datei fast 100 MB. Andernfalls kann auch der QR-Code eingescannt werden, womit die Datei mit allen Erzählungen automatisch heruntergeladen wird.

https://kuqi-institut.com/kujtimengakosovaaudios/

Weitere Materialien des Kuqi-Instituts für Sprachwissenschaft

Auf der Website des Kuqi-Instituts für Sprachwissenschaft **www.kuqi-institut.com** werden weitere Erkenntnisse zur albanischen Sprache veröffentlicht. Zudem hat das Institut einen Kanal auf **YouTube**, wo regelmäßig Lernvideos hochgeladen werden.

QR-Code zum Einscannen der Instituts-Website:

QR-Code zum Einscannen des YouTube-Kanals:

Ich habe ein **Online-Wörterbuch** namens **Geglex** entwickelt. Dieses Wörterbuch gibt es als **Android-App** im Google-Play-Store und als **Website**.

QR-Code zum Einscannen der Android-App:

QR-Code zum Einscannen der Wörterbuch-Website:

Auf der **Instagram-Seite** des Kuqi-Instituts werden Posts zum Erlernen der albanischen Sprache erstellt. Zudem werden wöchentlich kurze Lernvideos auf **TikTok** hochgeladen.

QR-Code zum Einscannen der Instagram-Seite:

QR-Code zum Einscannen der TikTok-Seite:

Zudem hat das Kuqi-Institut für Sprachwissenschaften einen **Podcast** über die Albaner des Nordens, die Gegen, auf **Spotify** veröffentlicht. Der Podcast heißt **Gegnia – Spuren der Nordalbaner**.

QR-Code zum Einscannen der Podcast-Seite:

Einstieg ins Kosovo-Albanische (2021)

Das Buch ‚Einstieg ins Kosovo-Albanische' stellt einen Grammatiküberblick der albanischen Varietät des Kosovos dar. In diesem Buch sind die wichtigsten Strukturen des gesprochenen Dialekts erklärt, sodass auch Laien folgen können.

Hajde me mu (2021)

‚Hajde me mu' ist ein illustriertes Kinderbuch auf Kosovo-Albanisch. Es ist es dreisprachig, sodass jede Seite eine Illustration mit kosovo-albanischem Text hat, der einmal auf Deutsch und einmal auf Englisch übersetzt ist.

Tungatjeta 1:
Lehrbuch des Kosovo-Albanischen (2022)

Das Tungatjeta 1 Lehrbuch ist für Anfänger geeignet, die den gegischen Dialekt der albanischen Sprache erlernen wollen, wie er im Kosovo gesprochen wird. Alltagsbezogene Lektionen zielen auf die Aneignung nützlicher Grundkenntnisse des gesprochenen Kosovo-Albanischen ab.

Tungatjeta 1:
Übungsbuch des Kosovo-Albanischen (2022)

Das Tungatjeta 1 Übungsbuch dient als Begleitwerk zum roten Lehrbuch. In diesem grünen Übungsbuch sind ergänzende Übungen und Lösungen zu den Lektionen des Lehrbuchs zu finden. Außerdem enthält es völlig neue Arten von Aufgaben, die so im Lehrbuch nicht zu finden sind.

Printed in Poland
by Amazon Fulfillment
Poland Sp. z o.o., Wrocław

34916959R00105